大富豪破天荒伝説 Best 100

真山知幸 著

東京書籍

はじめに

大富豪――。

巨額な資産を持つ人々はしばしばそう呼ばれることがある。本書を手に取ったあなたは、彼らにどんなイメージをお持ちであろうか。

世界を見渡せば、明日のパンにも困る人がいることを思えば、好意的な印象を持つ人は少ないかもしれない。富を持つ者への不公平感は、イギリスの経済学者アダム・スミスが1776年に発表した『国富論』で、次のように書いている。

「いやしくも大財産があれば、必ず大不幸がある。ひとりの富者があるためには、五百名の貧者がなくてはならない」

この言葉は時代を超えた現在でもなお、いや、今だからこそ一層、輝きを放つ。フランス人のトマ・ピケティによる『21世紀の資本論』が、700ページ近い経済書でありながらアメリカを中心に世界中で売れてマルクス・ブームを再燃させているように、所得分配の不平等さが今、世界中で問題視されているからだ。

創刊されたばかりのビジネス誌『フォーブス・ジャパン』では、2014年5月末にイギリスのロンドンで行われた「カンファレンス・オン・インクルーシブ・

キャピタリズム（包括的資本主義に関する会議）」でのクリスティーヌ・ラカルドＩＭＦ専務理事によるこんな言葉を取り上げている。

「世界で最も裕福な上位85人は、この街を走る二階建てバス１台に乗れてしまう程度の人数です。ところが、その彼らの資産は世界人口の貧しい部類に入る35億人の総資産に匹敵します」

どれだけすさまじい富の集中が起きているのかが、よくわかる例えである。ただ、これは言うまでもなく、近年になって発生した問題ではない。

富める者と貧なる者、持つ者と持たざる者。この解決しがたいテーマが人類の歴史のなかで絶えず横たわっているという事実は、裏を返せば、いかに富める者が紀元前から21世紀になる現在まで、強大な力を持ってきたかということでもある。

善悪は別にして、圧倒的な富を誇る者は実際に存在しており、彼らが金の力によって、あらゆる分野に影響を及ぼしてきたことは、知っておくべきだろう。そして、そのマネーパワーは時に世界史さえも揺るがしてきたと言えば、大げさに思われるだろうか。

いや、決して過言ではないのである。

紀元前２２１年に秦の始皇帝が史上初の中国統一を成し遂げられたのも、

1519年に神聖ローマ皇帝としてカール5世が即位できたのも、それぞれの裏に一人の富豪の存在があったからこそだった。さらに言えば、16世紀の西ヨーロッパに展開された宗教革命や、1869年のスエズ運河開通も、実はおのおの別の大富豪の行動によって端を発している。

また、世界史の教科書に出てくるような大きな戦争の裏でも、やはり富豪たちが蠢《うごめ》いていた。1337年から1453年にわたってヨーロッパで展開された百年戦争、1812年にアメリカ合衆国とイギリスの間で争われた米英戦争、1815年にナポレオンが敗れたワーテルローの戦い、そして、1866年の普墺戦争、1870年の普仏戦争、1877年の露土戦争に、1914年からの第一次世界大戦と、富豪が暗躍した大戦を挙げればきりがない。富豪たちが、大国の戦争においてどんな役割を果たしたのかを知れば、これまでの世界史の捉え方がより重層的なものになるだろう。

一方で、富豪の功績が新たな歴史の1ページを作ることもある。日本で初めて洋式病院が設立されたのは1557年のことで、ポルトガルの医師によるものだったことは、ご存知だろうか。また、われわれが現在、馴染みのある百貨店の経営スタイルは、フランスのある夫婦が試行錯誤の末にたどり着いたものだった。

本書では、そんな大富豪たちの歴史さえも変えてしまう力にクローズアップし、古代から現代まで、ありあまる富の力で成し遂げられた、歴史に残る破天荒な大事業から「なんでこんなことを?」という無駄遣いまで、世界を揺るがしてきた大富豪たちの事績をランキング形式で紹介していくというものである。

前述したような歴史的事件にコミットするような大胆な行動や、後世の事業に影響を与えるような新事業のエピソードも取り上げているが、何も堅苦しい話ばかりではない。

食費に一日1億円を費やしたローマ皇帝、

巡礼の道すがら14トンもの金の延べ棒を配りまくった王様、

愛人に4000億円貢いだ女帝、

誕生日に15億円かけた皇帝の母、

不倫相手のために動物園を作ってしまったメディア王、

カネにモノをいわせて島を丸ごと買った海運王、

90歳の誕生日に500人の部下を引き連れ、3000メートル級の登山を決行した財閥の創設者……など、誰もが一度はやってみたいと思うような欲望を実現してしまった事例もあれば、金が邪魔で仕方がないような富豪だからこそのくだらない奇行も、ふんだんに盛り込まれている。

「ありあまる財力を持ったときに人は、何をするのか？」

誰もが、一度は想像したことがある命題かもしれないが、大富豪たちは人生で常にその問いに答えながら、実行に移していく立場にあった。それはまさに、人間が持つ欲望がむき出しになる瞬間であり、常軌を逸した行動に出ることもあれば、大胆な金遣いが世界史にすら影響を与えることもあった。

とりわけ、ただの「金持ち」ではなく、大富豪たちが持つ影響力は、「偉人」や「天才」と呼ばれる人たちに比べても決して引けをとらないものだと、本書を執筆するにあたって、筆者自身が強く実感することができた。

世の中を変えてしまうほどの資産を持つ富豪たちの人生は、ダイナミックかつ刺激的で、そしてちょっぴり悲哀に満ちている。そんな彼らに触れながら、私たちが逃れることのできない「金」について考えてみるのもいいし、改めて、人生の真の充実とは何かに思いを馳せるのもいいだろう。

なお、ランキングは、明確な基準によるものではなく、インパクトの大きさから順位付けしたものである。自分なりのトップ10を決めてもらっても面白いかもしれない。なお、本文・コラムでは原則的に敬称を略した。

大富豪１００の破天荒伝説、大いに楽しんでいただければ幸いである。

著者

目次

はじめに……2

参考・引用文献……236

あとがき……242

第1章 第20位から第11位……9

第2章 第10位から第6位……55

第3章 第50位から第21位……81

第4章 第100位から第51位……159

第5章 第5位から第1位……213

コラム

ロックフェラー家とロスチャイルド家……49

貨幣価値の計算方法……54

日本の長者番付……70

大富豪の名言……80

正しくケチって富豪になろう……87

華麗なる閨閥……116

かなり過酷な富豪の幼少時代……145

王室の女たちのトンデモ逸話……157

実は長寿だった大富豪たち……170

ニッポンの経営者に学ぶ「富豪になる発想力」……198

大富豪破天荒伝説

第１章

まずは、第20位からカウントダウン

まずは20位から発表していこう。セレブなパーティに招かれずに壮大な仕返しをした夫人や運河の購入を仕掛けた一族に、愛人にとんでもないものをプレゼントした新聞王など、のっけから個性的な富豪のオンパレード!

第20位

アルヴァ・ヴァンダービルト夫人　Alva Belmont, Alva Vanderbilt　1853-1933

セレブ妻はパーティが主戦場

史上最大のマウンティングは56億円

「中にいると単に退屈だが、外にいるのは悲劇に過ぎない」

19世紀イギリスの作家オスカー・ワイルドの言葉である。何を指した警句かおわかりになるだろうか。

正解は「社交界」だ。豪華な会場で華美なパーティに参加したが見栄を張るばかりで大して楽しくもなかった、そんな経験をした人もいるかもしれない。それでいて呼ばれずに外から見ていると、なんだかみなが心から楽しんでいるように見えるのが、社交界の持つ魔力だ。

アルヴァ・ヴァンダービルト夫人は１８７５年、アメリカが誇る鉄道財閥ヴァンダービルト家へ嫁いだ。玉の輿《こし》に乗ることに成功し、幸せの絶頂にいるはずだったが、その心には不満が渦巻いていた。社交界のボス、アスター夫人から舞踏会の招待状が一向に届かないからである。

アスター夫人は年に一度、自分の屋敷で大規模な舞踏会を開催していた。その参加メンバーに入ることは、上流階級の社交界に仲間入りすることとイコールだったが、屋敷に招かれるのは、収容人数ギリギリの４００名限定。その人選から外れることは、セレブたちにとっては社交界で生きるうえで死活問題だった。常連客の一人だったエリザベス・ドレクセル・レアは、招待状が届かないことをこんなふうに表現している。

「人生において、これほどの無念はない。残された道はただひとつ、恥ずべき真実を知人に隠し通すことだ」

これは何も大げさな表現ではなく、舞踏会に呼ばれなかった人たちは、医師に転地療法を勧められて山脈に滞在しなければならないことにしたり、遠くの街に住む家族や親戚が死んだことにしたりして、なんとか不在の体裁を整えたのである。

それほどの重要な招待状が、アルヴァ・ヴァンダービルト夫人のもとに全く届かなかったのは、なぜなのか。それは、ヴァンダービルト家が成り上がりの富豪一族に過ぎなかったからだ。

1924年頃撮影されたアルヴァ・ヴァンダービルト夫人
Everett Collection／アフロ

海運業と鉄道業で財を成した提督

後に「提督」と呼ばれる鉄道財閥の創始者、コーネリアス・ヴァンダービルトは1794年、ニューヨーク州に属するスタテン島の小さな農家に、9人兄弟の第4子として生まれた。16歳でフェリー業を始め、1812年にネイティヴ・アメリカンの領地をめぐって米英戦争が起きると、食糧運搬を担って荒稼ぎした。24歳までには9000ドルを貯めて、数隻の小帆船と沿岸旅行船の権利を所有。蒸気船の操縦も覚えて、海運業で大成功を収めた。60歳になると、鉄道業に乗り出し、東部で最大の鉄道「ニューヨーク・セントラル鉄道」でさらに財を築いた。

1876年、提督が82歳で没すると、長男のウィリアム・ヘンリー・ヴァンダービルトが約1億ドルを相続。9年で2億ドル近くまで増やして、世界一の富豪にまで上り詰めている。その息子のウィリアム・キッサム・ヴァンダービルトと結ばれるのが、小農園主の娘だったアルヴァである。やはり社交界のパーティで二人は出会い、アルヴァの猛烈なアプローチによって、出会って1年で結婚している。

1200人規模のパーティを自宅で開いた

アルヴァにとっては、夢にまで見た上流階級の仲間入りだっただけに、アスター夫人から認められないことに焦燥《しょうそう》感を募らせた。そして、アルヴァはついに自ら大規模なパーティを主催することを決意する。

パーティの会場は、3年と300万ドルをかけて建てられたヴァンダービルトの邸宅だ。見るも

ニューヨーク5番街にあるヴァンダービルト家の大豪邸

TopFoto / アフロ

のを魅了した白いディアナ石炭石の宮殿の建設に、1000人もの職人が携わったといわれている。

招待する人数は、アスター夫人の舞踏会の3倍に当たる1200人。それも豪華な仮装パーティにすることで、セレブたちの関心を喚起させた。

さらにアルヴァはマスコミに働きかけた。『ニューヨークタイムズ』紙はパーティがいかに話題になっているかについて、次のように掲載した。

「あらゆる人の口に上り、思考の中に侵入した。男性も女性も社交界の蝶は、6週間におよび睡眠を妨げられ、起きている時間も舞踏会のことで頭がいっぱいだった」

6週間というのは、それだけ準備に追われたということである。仮装パーティということで、高級店として有名な仕立屋は140人の裁縫師と針子が5週間働き続けて、150着の衣装を仕上げたという。これだけの規模のパーティになると、周辺の景気浮上にまでつながってくる。


さて、アスター夫人に招待状を送ったかといえば、もちろん、送らなかった。アルヴァが作成した1200人の重要人物のリストに、アスター夫人は含まれていなかったのである。アスター夫人にとっては屈辱的な仕打ちだったが、これほど話題のパーティに出ないことは、社交界からの脱落を意味する。アスター夫人はわざわざアルヴァのもとを訪れて挨拶《あいさつ》し、その後、招待状が送られた。立場が逆転した瞬間である。

さて、この1883年3月26日に行われたこの大規模なパーティには、25万ドルの費用がかけられることになった。当時のレートは1円＝1.124なので、日本円にして、28万1000円。明治時代は1円が現在の2万円くらいの価値だったことを思えば、現在の価値にして、56億2000万円が一夜のパーティで費やされたことになる。

正気の沙汰とは思えないが、このパーティを機にヴァンダービルト家は、ニューヨークの社交界で誰もが知る存在となった。

そして、アルヴァの夫への要求はどんどんエスカレートしていく。

今度はアスター家に負けないヨットがほしいと言い出したので、50万ドルをかけて285フィートのアルヴァ号が作られることになった。本書でさらに上位で登場するJ・P・モルガンのコーセア3号が全長300フィートだったことを考えると、引けをとらないスケールだったことがわかる。

その後も、贅沢《ぜいたく》な要求を続けたアルヴァは結局、夫と離婚することになるが、その後は、娘のコンスエロ・ヴァンダービルトの結婚相手を探すことに情熱を傾けた。アルヴァが友人に語った次の言葉は、まさに彼女の人生のスタンスを表している。

「私は何をするのも一番だ。ほかの人が後に続けるように道を切り開いた」

第19位

ジャン・ポール・ゲッティ　Jean Paul Getty　1892-1976

孫の身代金を値切った石油王

来客から電話代をとるケチっぷり

富豪は、資産家であることが周囲に知られると、チヤホヤされていい思いをすることもあれば、何かと資金援助を求められたり、金目当てに近づいてくる人間が次々に現れたりと、マイナス面も少なくはない。その最たるものが、犯罪行為に巻き込まれることだろう。

20世紀アメリカにおいて石油事業で財を築いた石油王、ジャン・ポール・ゲッティの場合は、孫のポール3世がその犠牲者となった。

ゲッティは1956年に『フォーチュン』誌で世界一の金持ちに選ばれており、その富豪ぶりは誰もが知るところであった。ポール3世が生まれたのはちょうどその年であり、イタリア・ローマで誘拐された1973年7月10日の時点では、16歳だった。その日、ポール3世は午前3時に友人と別れたが、その瞬間に、一台の車から数人の男が飛び出してきて、連れ去られてしまったのである。

1974年に撮影されたジャン・ポール・ゲッティ
Everett Collection／アフロ

当然、あの石油王の孫だとわかっての犯行である。要求する身代金の額は何度かやりとりをしているうちにつり上がっていき、最終的には17億リラ（320万ドル。現在の価値で約8億8000万円）となった。

富豪にまでのし上がる人物は、ときには周囲からは残酷と思われるほどの、情勢に応じたシビアな判断をすることが多い。それでも、こと家族の命がかかわるとなれば、取り乱して相手の言いなりになってしまいそうなものだが、ゲッティは全く違った。ポール3世の父母ではとても払えず、頼れるのは祖父である自分だけにもかかわらず、ゲッティは身代金の支払いについてこう言ってのけた。

「私にはほかに14人の孫がおり、一文でも身代金を払ったら、14人の孫が次々に誘拐されるだろう」

身内の非常時にあまりにも冷たい態度だが、ポー

ロサンゼルスにあるJ・ポール・ゲッティ美術館（ゲッティセンター）　保屋野参／アフロ

ル3世とゲッティはもともと不仲だった。奔放な性格でオートバイを乗り回してはナイトクラブで夜遊びに興じたポール3世は、幾度となく学校からも放り出される始末。この誘拐も自分から金を引き出すための狂言ではないかとゲッティは疑っていた。

要求に応じないことに腹を立てた誘拐犯グループは、本気であることを示すために、ポール3世の耳を切り取って、郵送で送りつけた。母は気が狂わんばかりに取り乱したが、ゲッティはそれでもすぐに支払う姿勢は見せず、なんとか値切ろうとしていた。

結局、世論のプレッシャーもあり、ゲッティは220万ドル（約6億円）を提供することに渋々同意。足りない100万ドルは息子に貸すというかたちでようやくまとまった。結局犯人たちは逮捕されたが、まさか天下の大富豪がここまで渋るとは計算外だっただろう。

だが、ゲッティを直接知る者にとっては、それほど意外でもなかったかもしれない。なにしろ、1929年に大恐慌が起きると、全従業員を解雇して、再び安く雇い直したような男である。また、ゲッティは来客から電話代をとるためにわざわざ工事までして、自分の邸宅に公衆電話を引いていた。

客を自宅に招待したときは、食事に使った銀食器が客に盗まれることのないように、食後には鍵付きの棚にしまい込んだゲッティ。83歳でこの世を去ったとき、ベッドフォード公爵からこんな弔辞を送られたのも、もっともなことであった。

「ポールのことを思うとき、私は金を思う」

古代ローマ風の美術館を建てるが……

孫の身代金を出し渋るほどケチだったゲッティが夢見たのが、美術館の建設である。それもただの美術館ではない。ローマ初期帝政時代を彷彿させる壮大な別荘（ヴィラ）を再現するような建築物を目指した。

ゲッティは次のように語っている。

「当世風の建築家たちの間で一時期流行になっている例のよくあるコンクリートのトーチカみたいな建物に金を出すのはお断りだ。色ガラスとステンレスのばかでかいやつも困る」

場所は自宅に隣接した南カリフォルニアのマリブーで、イギリス人建築家のスティーブン・ギャレットに設計を依頼した。それも丸投げではなく、石材ひとつ決めるのにもいちいち口を出した。電動式鉛筆削り1台すらも、許可なく現場で購入すれば、ゲッティから苦言を呈されたという。

美術品を買いあさったゲッティは、自身の2億ドルにも上る美術コレクションをこの「J・ポール・ゲッティ美術館」に収めた。

「美術品は最高の投資だ」

そう言いながらも、ゲッティのコレクションは豪快に買い上げたものではなかった。一度の競売でコレクションを揃えるのではなく、できるだけ値が下がるタイミングを待って、ちびちびと買い足していった。それも同じ価格ならば、できるだけサイズの大きい作品を買おうとしたのだから、趣も何もあったものではない。

そして、この美術館にかけられた費用は、実に1700万ドル、約46億5000万円にも上った。先の誘拐事件を考えれば、孫5人分の身代金の額をつぎ込んだことになる。それどころか、5500万ドル（約150億1500万円）の基金まで作り、無料で一般開放することにした。

富豪が自分の金をどう使おうと勝手である。それでも、建築家のギャレットのこの言葉を聞けば、ゲッティは一体何をしたかったのか、首を傾げてしまう。

「通常の人間の尺度で彼を理解することはできない。美術館に1700万ドルも注ぎながら、彼はそれを見にも行かなかった」

富豪の考えることはよくわからないが、ある意味、究極の贅沢と言えるのかもしれない。

晩年は18年にわたって、家族や友人、そして愛人たちに遺言で何か与えるようなそぶりを見せて、周囲をやきもきさせた。受取人が自分の機嫌を損ねることをしたならば、その取り分を減らしたり、なくしたりして見せて自分の力を誇示している。5回も結婚して、多くの愛人がいたゲッティだが、大富豪ゆえの警戒心は生涯を通じて解けることはなかった。

「私が人間よりも犬のほうが好きなわけ――犬は常に人を下心なしに好いてくれるからである」

そんな言葉を残したゲッティは、周囲の期待をあざ笑うかのように、全財産の多くを美術館のために遺した。そう、あの壮大な計画のもとに建てて、結局は一度も訪れなかった、美術館のために。

第18位

不倫相手のために動物園を作った

ウィリアム・ランドルフ・ハースト William Randolph Hearst 1863-1951

映画会社を作り、新聞で愛人をゴリ押し

惚れた女性のためにどこまでのことができるのか。男の度量が問われるところだが、大富豪が女性に貢げばどこまでもエスカレートすることを、ある男の人生は教えてくれている。

アメリカの新聞王、ウィリアム・ランドルフ・ハーストは、50代で18歳の踊り子と恋に落ちた。彼女の名はマリオン・デイビス。ハーストはマリオンを大女優にするために、「コスモポリタン」という映画会社まで作っている。

銀山を所有する富豪のもとに生まれたハーストは、受け継いだ資産をもとに新聞社を経営し、あらゆるメディア媒体を積極的に買収。数多くの新聞社、出版社、ラジオ局を所有していたため、その権力をフルに生かして、愛人を売り出していく。

マリオン主演の映画作品が封切られると、ハーストが手中に収めていた40紙が傑作だと絶賛した。ひどいヤラセだが、実は1809年にアメリカ合衆国とスペインとの間で起きた米西戦争も、ハーストの捏造記事が起爆剤となったといわれている。それに比べれば、愛人を売り出すことなどなんの抵抗もなかったのだろう。しかし観客は正直で、それだけのことをしても、マリオンは全く人気が出ずに、作品は赤字続きとなった。

映画で愛人を売り出しながら、ハーストは、マリオンと一緒に過ごすために、カリフォルニア州のサン・シメオンに豪邸を建てた。

1940年に撮影されたウィリアム・ランドルフ・ハースト
Everett Collection／アフロ

「ハースト・キャッスル」と呼ばれるこの豪邸の部屋数は実に165にも上り、125エーカーの庭、屋内プール、屋外プール、テニスコートにエアポートまで付いている。愛人のマリオンはここで自由に振る舞うことができたため、週末に招待する客のリストを秘書と毎週作っては、映画のスター役者、政治家、作家、記者、銀行家、出版業者などに声をかけて、パーティを開いた。

実際に、MGM社長ルイス・B・メイヤーや、役者で映画監督も務めたダグラス・フェアバンクス、その妻で「アメリカの恋人」と呼ばれたメアリー・ピックフォードに、喜劇王チャーリー・チャップリンと、豪華なメンバーが汽車に乗って、パーティに出席するためにサン・シメオンに向かった。その鉄道もまたハーストが本線から敷かせたものであった。

ハースト・キャッスル以外では、ヨットでパーティが開催されたこともあった。そのときもまたチャップリンや、ハリウッドで初めてプロデューサー・システムを導入したトマス・インスなど映画界の有力者が集っていたが、このとき、海上でインスが急死するという事件が起きている。

調査の結果、病死とされたが、事件の真相は別にあるという噂が絶えなかった。そのうちのひとつが、プレイボーイだったチャップリンとマリオンがいちゃつくのを目撃したハーストが銃を取り出し、止めに入ったインスが誤ってハーストに射殺されたというもの。真相は闇の中だが、ハーストのマリオンへの執着ぶりを見れば、妙にリアリティを感じてしまう。

ゾウ、キリン、ライオンを放し飼いにした

社交的なマリオンとは対照的に、ハースト自身は内気な性格で、あまり人と会うのが得意ではなかった。来客に対してもよそよそしい態度を取り続けたが、その一方で、客を飽きさせないための施設を新たに作っている。それはなんと動物園である。

ハーストは、アフリカから野生動物の買い付けを行った。ライオン、ヒョウ、チーター、ゾウ、キリン、クマ、チンパンジー、カンガルー、シカ、ヒツジ、ヤギ、トナカイ、クモザル、ジャワモンキー、ボブキャット、ピューマなどその種類は多岐にわたり、実に300匹以上にも及んだ。

それも「動物が歩き回っていたら絵のように美しくなるだろう」というハーストの意向によって、すべて放し飼いである。来客のなかには、クモザルに追いかけられた者もいれば、ライオンに噛まれた者や、指先を熊に噛みちぎられた者が出るなどアクシデントが続出した。もっとも、あらゆる刺激に退屈している富豪にとっては、それもまた一興といったところなのかもしれないが……。

ハーストのこだわりで建物は地中海式が取り入れられたデザインで、何人もの設計士と庭師が腕を振るった。ハーストは母屋や周辺のコテージ、

さらに家具や造園についても注文をつけたので、かなり困難な仕事だったようだ。暖炉の位置を変えるように言われたある現場の人間は、金持ちのわがままぶりをこんなふうに振り返っている。

「煙突も屋根まで伸びていたし、作業は全部終わっていたのに。おかげで基礎工事もおしゃかで、一からやり直すはめになりました。ところがその6ヶ月後、同じ場所でまたハーストに言われたんです。『違う。あれは間違いだった。動かしてはいけなかったんだ。やはり元に戻してくれ』」

このハースト城は改築に改築を重ねて、ハーストが死去したときもまだ工事中だった。つぎ込まれた費用は、実に3000万ドル以上だったともいわれている。1950年のレートだと108億円となり、現在の貨幣価値にすると、3456億円以上。2020年に行われる東京五輪のメイン会場となる新国立競技場の予定建設費と同額程度が、個人の邸宅に使われたことになる。

女優のマリオン・デイビス
Album / アフロ

『市民ケーン』でモデルにされて大激怒

ハースト・キャッスルは「サン・シメオン宮殿」とも呼ばれた。「城」や「宮殿」と呼ばれるのにふさわしい二人の愛の巣だったが、これ以外にハーストはマリオンにサンタモニカのビーチハウスもプレゼントしている。

それは3階建てのジョージ王朝風コロニアル様式の白い邸宅で、110室の寝室に、55のバスルーム、34メートルの温水プールには大理石の橋がかけられた。建設費は700万ドル(約875億円)ともいわれており、さらに家具や装飾品に400万ドル(約500億円)以上かかった。サンタモニカ郊外には、映画界の大物たちが集まっていたが、マリオンのビーチハウスは、周囲にあるどの家よりも豪華なものだったという。

これだけあからさまに愛人が優遇されたにもかかわらず、ハーストの妻ミリセントは表向きは静観していたようだ。なぜならば、妻のミリセントもまた、夫の権力と財力によって社交界で名を上げており、生活費以外に月に1万ドルの手当てが保障されていた。マリオンにビーチハウスが送られたときは、妻のミリセントにもロングアイランドのサンズポイントの屋敷を与えられている。

すべて金でねじ伏せようとしたハースト。金と権力にものを言わせるスタンスは一見して豪快に見えるが、映画監督のオーソン・ウェルズは、ハーストをモデルに映画を作った処女作『市民ケーン』で、ハーストを孤独で哀れな権力者として描いた。映画の結末は、愛人にも見捨てられるという展開で、これにハーストは激怒。さまざまな上映妨害を行い、興行的に惨敗させることに成功している。

その後、『市民ケーン』はAFIアメリカ映画100年シリーズのアメリカ映画ベスト100で第1位を獲得している。ハーストにとっては、なんとも皮肉な結果である。

第17位

メイド・イン・チャイナは1万人

呂不韋［りょ・ふい］?-BC235

皇帝を先物買いして大当たり

安く買って、高く売る——。

そんなことは商売の基本で当然だと、一概にバカにはできない。それをうまくやって、富豪へのし上がった人物も少なくないからだ。別項で述べるが、ロスチャイルド家のネイサンもその基本に則った為替取引を行い、ワーテルローの戦いで、280億円以上を稼いでいる。

中国戦国時代の豪商・呂不韋の場合は、その儲けの原則を、株でも商品でもなく、人間でやってのけて、財と権力をほしいままにした。

呂不韋が目を付けたのは、秦王の孫にあたる子《し》楚《そ》だ。子楚は、生母の夏姫《かき》が太子である安国君《あんこくくん》から寵愛《ちょうあい》されなかったことから、ひどく冷遇されており、趙《ちょう》の国へ人質に出されていた。

そんな情報を入手した呂不韋は、こうつぶやいたという。

「奇貨居くべし——これは珍しい買いものだ。仕入れておかねば」

その晩、父に「一国の君主を守りたてると、儲けは何倍でしょうか」と尋ねて「勘定できんほどだわい」というやりとりがあったことも後押ししたのか、呂不韋は子楚に巨額の投資をすることを決めた。

まずは貧しい暮らしをしている子楚が王の後継者としてふさわしい存在だという認知度を高めるために、賓客たちに合わせる必要がある。その交際費のために、呂不韋は金貨500枚を用意した。さらに、珍しい品々を買い集めるためにも、金貨500枚を使っている。これは、自らが秦の国に行き、国王の周辺人物に会いに行くときに持参するお土産のためである。

その2つを合わせて、金貨1000枚。現在ならば8000万円といったところだろうか。それを自らの家財を売ってまで用意したというから、まさに呂不韋にとって、人生を賭けた一か八かの大勝負だった。

その戦略として、呂不韋はまず安国君の寵愛を受けていた華陽夫人に近づいた。彼女に子どもができなかったことから、「年老いて寵愛を失う前に、子楚を養子に迎えて自分の立場を確固たるものにしたほうがよい」と巧みに売り込んだ。その結果、華陽夫人の心は動かされ、夫人からの希望を聞いた安国君は、子楚を世継ぎにすることに決めた。

やがて、子楚は王の座につき、呂不韋には宰相の座が与えられることになった。退路を断った投資が、見事に実を結ぶことになったのである。

3000人の食客に百科事典を作らせた

紀元前247年、呂不韋が取り立てた子楚が即位して3年で急死してしまうと、その息子の政が

呂不韋の姿絵　Legacy Images／アフロ

王の座についた。後に「秦の始皇帝」と呼ばれる人物である。

しかし、政はまだ13歳だったため、政治を行うこともままならない。実権は呂不韋が握り、大いに権勢を振るうことになる。

その勢いたるやすさまじく、呂不韋の世話をする召使いの数は1万人にも上った。現在もメイド文化があるアメリカでは、一人雇えば年収は750万円ともいわれているため、呂不韋と同じように1万人雇おうとすれば、750億円かかることになる。それだけではなく、呂不韋は金に糸目をつけずに食客を招いたので、各地から集まって来た者は3000人にも達した。

まさに絶頂期を迎えた呂不韋はある日、食客たちにユニークなことを命じた。

それは、各人の持つ知識を記録せよ、というもの。天文・万物・古今についてなど、それぞれが多岐にわたるジャンルについて執筆し、それを書物にまとめた。すると、十二紀・八覧・六論から構成された、26巻160編に及ぶ大作になった。

『呂氏《りょし》春秋』と名付けられ、今なお、自然科学史における重要な書物として知られている。呂不韋は『呂氏春秋』を咸陽《かんよう》の城門に置いて、一般に公開したうえでこう言った。

「これに一字でも増減できたものには千金を与える」

すごい自信だが、この呂不韋の言葉から、「一字千金」という四字熟語が生まれた。意味は「非常にすぐれている文章や筆跡」「例えようのない厚い恩恵」。今のウィキペディアのような多人数で編集する百科事典を、呂不韋は紀元前に着想していたのだ。

最期は始皇帝に失脚させられた

しかし、どんな栄華にも終わりは訪れる。政が成長すると、呂不韋は地位を解任されて、追放されてしまう。

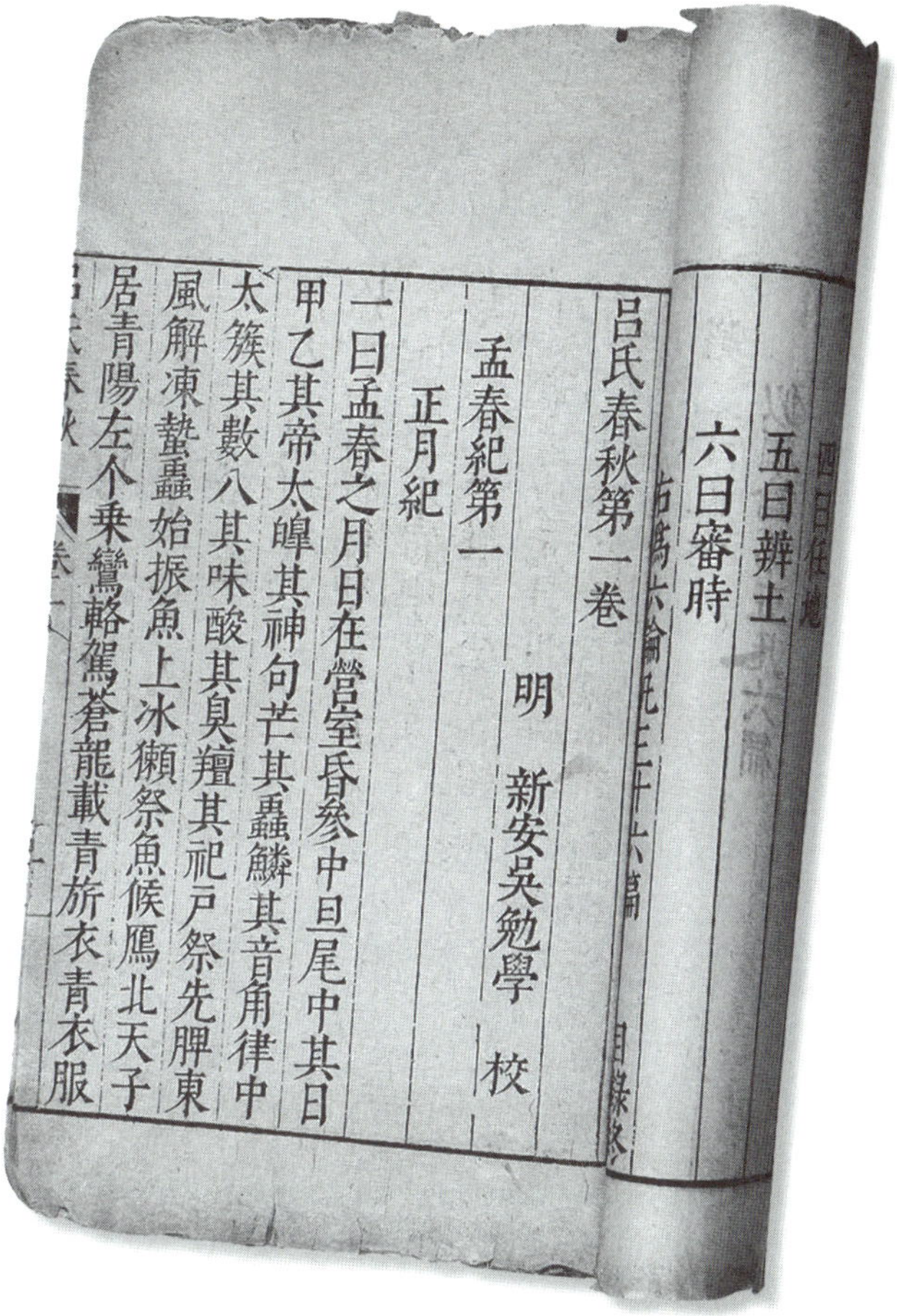

『呂氏春秋』の書影　Legacy Images／アフロ

呂不韋のスキャンダル発覚がその背景にはあったが、それがなくとも、若き皇帝にとって、実務を取り仕切る呂不韋の存在は、目の上のたんこぶだったに違いない。このままでは、いずれ消されるだろう、そう悟った呂不韋は、追放から2年後に自ら命を絶っている。

呂不韋が亡き後は、名実ともに秦王・政が政治の実権を握り、紀元前223年には、中国を初めてひとつにまとめ上げて、500年あまり続いた戦国時代に終止符を打った。「皇帝」と名乗ったのは、これまでの王とは別格だと知らしめるためだ。

始皇帝といえば、大規模な土木工事のために人民を酷使したことで知られている。有名なのが「万里の長城」。現在、われわれが知る万里の長城は明の時代に築かれたもので、始皇帝による万里の長城は、それよりはるか北のほうに位置しており、戦国時代に各国が築いた城壁をひとつにつなごうとした。

その距離は、5000キロあまり。北海道から沖縄までが3000キロあまりだが、それよりはるかに長かった。そのために毎年、数十万人もの労働者が使われたのである。

また始皇帝は即位して以来、次々と宮殿、楼閣、庭園を造営したが、なかでも「阿房宮《あぼうきゅう》」は想像を絶する規模の宮殿だった。前庭だけでも、東西500歩（約690メートル）、南北50丈（約113メートル）もあり、収容人数は1万人。夜になって雨戸を閉め始めるとすべてを閉めるまでに朝までかかるともいわれたほどだった。

この中国史上最大の木造建築物に、巨額な国の税金が投入されたことは言うまでもない。あまりのくだらなさに、この阿房宮が、「阿呆（アホウ）」の語源となったという説まであるが、庶民がそう嘆きたくなるのも当然のことだろう。

戦乱の中国戦国時代において異彩を放った、呂不韋と始皇帝。金と権力の使い方もまた、常人の発想を超えたものだった。

第16位 魔性の女の豪華客船

クレオパトラ　Cleopatra VII Philopator　BC70?-BC30

ゴージャスな船で権力者を虜にした

楊貴妃《ようきひ》、小野小町《おののこまち》に並んで「世界三大美女」の一人に挙げられる、クレオパトラ。プトレマイオス王朝の最後の女王にして、古代エジプトの最後の女王である。迫りくるローマ軍の侵略に対して、クレオパトラはその美貌を武器に、カエサルやアントニウスという、ローマ軍を率いる二人の男を虜にしたことで知られている。

「クレオパトラの鼻がもう少し低かったら歴史は変わっていただろう」

17世紀フランスの哲学者、ブレーズ・パスカルが著作『パンセ』で書いた言葉は彼女の美しさを表すものとしてあまりにも有名だが、実は「些細《ささい》なことで世界は変わる」というのが本意だった。原文に忠実に訳すると、「クレオパトラの鼻がもう少し短かったら」になることでも、それは明らかだ。コインに描かれた横顔から「クレオパトラはむしろ醜かった」とする声さえもある。

そうであるならば、クレオパトラのどこに二人の権力者は夢中になったのだろうか。プルタルコスは歴史書『英雄伝』で、クレオパトラについて、美貌よりもむしろ、その佇まいに魅力があったとし、次のように書いている。

「彼女の美もそれ自体では決して比類ないというものでなく、見る人々を深くとらえるというほどのものではなかった。しかし彼女との交際は逃れようのない魅力があり、また彼女の容姿が会話の際の説得力と同時に同席の人々のまわりに何かふりかけられる性格とを伴って、針のようなものをもたらした」

観る者の心に突き刺さる、クレオパトラの強烈な印象。それは、エジプト女王としての豊かな富と無関係ではなかった。

22歳のクレオパトラがカエサルと出会ったのは、紀元前48年10月のこと。内紛に敗れて追放されていたクレオパトラは、ローマきっての執政官であったカエサルがプトレマイオス王朝の首都アレクサンドリアに来たことを知ると、直接会いに行くことを決意。腹心に命じ、自らを絨毯《じゅうたん》にくるませてカエサルのもとへ贈り物として届けさせる、という離れ業をやってのける。

53歳のカエサルはたちまち彼女に夢中になり、クレオパトラは強大な後ろ盾を手に入れる。権力の座に返り咲くと、クレオパトラはカエサルをナイル川を辿る船旅に誘った。そこでカエサルは、エジプト女王の財の豊かさに目を見開かされることになる。

クレオパトラが用意した王室専用船「タラメゴス号」は船長約91メートル、船幅約13メートル、高さ約18メートルというゴージャスさで、船内には広間や宴会場だけではなく庭園や2つの神殿まであったという。

カエサルはこのエジプト遠征でクレオパトラに会ってからというもの、人が変わったかのように野心を持って、世界帝国の皇帝を目指すようになったといわれている。どうもクレオパトラの豊かな富に刺激を受けたようだ。

自分を「神の子」だと思い込むようになったカエサルは、暦を新しくしてユリウス暦へと移行したり、運河を掘削したり、オリエント風大劇場を建築したりと権勢を振るうようになる。ローマ市民から不評を買ったことは言うまでもないが、カエサルにとって、エジプト遠征はそれほど影響力の大きなものだった。

クレオパトラの魅力は、エジプト女王としての絶大な権力と切っても切り離せないものだったのである。

1回の食事に28億円かける方法

カエサルがブルータスに暗殺されてこの世から去ると、クレオパトラはカエサルとの子といわれている、3歳のカエサリオンをプトレマイオス15世として共同統治者に任命した。

そして、今度はローマで権力を握っていたアントニウスとの仲を深めていく。

戦にはめっぽう強かったが、教養に欠けていたアントニウスは、クレオパトラが黄金で飾った船に紫の帆を張って現れた姿を見て、すっかり夢中になってしまった。クレオパトラは、家来たちに銀の櫓《ろ》で漕がせ、バックでは音楽を流しながら、自身は本物の金の布でできたテントで横たわっていた。情景を思い浮かべれば、アントニウスが魅せられる気持ちもよくわかる。プルタルコスは次のように書いている。

「アントニウスが出かけていくと、そこには言葉では言いつくせないほどの素晴らしいご馳走が並んでいた。なかでも、アントニウスを驚かせたのは、赤々と燃える無数の灯火だった。灯火は吊り下げられ、一度にあらゆる方向から輝いており、互いの角度や位置によって四角形や円形になるように配置されていたので、これより美しい、あるいはこれより一見の価値のある光景はあまりないといわれていた」

アントニウスと豪華な饗宴《きょうえん》を重ねるようになったクレオパトラはあるとき、「わたくしならば、1回の食事に約15万ポンド分かけることができますわ」と豪語したことがあった（紀元前におけるポンドは重さの単位で、約15万ポンドは約7万キログラムの銀ということ。今の銀の値段でいえば約

28億円相当になる)。

翌日、それを実行すべく、クレオパトラは片方の耳から、7万5000ポンドもする真珠を取り外して、酢の入ったコップに放り込み、真珠がみるみるうちに溶けると、それを飲み干したという。同じように2つ目を入れようとすると、アントニウスが慌てて止めた……そんな豪快なエピソードもある。

どこまで真実かは誰にもわからないが、宝石で飾った食器で豪華な食事を日々楽しむという贅沢な暮らしを、二人が送っていたことは確かだ。酒と快楽に溺れた日々を、クレオパトラとアントニウスは次のように名付けた。

「真似のできない生活」

しかし、贅をつくした日々が永遠に続くわけでは、もちろんない。「アクティウムの海戦」でオクタウィアヌスに敗れた二人は、エジプトへと敗走。海軍は全滅、陸軍は降伏という絶体絶命のピンチのなか、クレオパトラとアントニウスは「死をともにする仲間」の会を作った。名前は違えど、やることは同じで、オクタウィアヌスの軍が迫ってくるまでの間、二人は毎日のように饗宴を繰り返した。

クレオパトラは紀元前30年、39歳のときに蛇に胸(一説では腕)を噛ませて自害。真似のできない人生に幕を降ろした。

ジャン=レオン・ジェローム「絨毯の中からカエサルの前へ現れるクレオパトラ」(1886年)

第15位

これでもか！ 寄付した図書館2811館

アンドリュー・カーネギー Andrew Carnegie 1835-1919

困窮《こんきゅう》した幼少時代を経て鉄鋼王へ

現代の日本では図書館、美術館などハコモノ行政は、税金の無駄遣いとしてマスコミに批判されることが多い。

しかし、100年ほど前のアメリカには一人で5000万ドル（現在の貨幣価値で1250億円）の私財を投じ、2811館もの図書館を作った男がいた。その男は、鉄鋼王、アンドリュー・カーネギー。アメリカの歴史に名を刻む成金大富豪である。

カーネギーがスコットランドのダンファームリンに生まれたのは、1835年のこと。産業革命の末期であり、カーネギーの家族は、経済的な危機に陥ることになる。カーネギーの父の仕事は手織り職人で、機械化によって仕事がなくなってしまったからだ。母は靴縫いの内職をしたが、それだけでは家計を支えるのは難しかった。

なんとか仕事を得ようと、両親はアメリカへと移住を決意。だが、その旅費すら工面できず借金するような有様で、前途は多難に満ちていた。

そんななか、幼いカーネギーが働きに出るようになるのは、ごく自然の流れだった。カーネギーはすでに13歳で、紡績工場での糸巻きの仕事を行い、週給1ドル20セントを稼いで両親を助けた。

その後もカーネギーは復学することなく、ひたすら労働現場でのキャリアを積んでいく。だが、そのことが彼の人生に大きな変革をもたらしていく。

ペンシルベニア鉄道に勤務しながら、カーネギーは製鉄事業への投資で才覚を発揮。28歳の頃には年収の20倍近くの金額を投資で稼ぐなど、実業界でその名を広く知られるようになる。

33歳のときには、サラリーマン生活にピリオドを打ち、アンドリュー・カーネギー投資会社を設立。その後は製鉄会社のみに集中して会社経営を行い、カーネギー製鋼所は、全米の鉄鋼生産高の50％以上を占めるまでに巨大化していく。

「よい機会に恵まれぬ者はいない。ただそれをとらえられなかっただけなのだ」

カーネギーはこの言葉通り、チャンスの時期を逃すことなく、一代で財産を築き上げ、鉄鋼王へとのし上がったのである。

世界に広がるカーネギー図書館

50歳を超えると年収が１８００万ドル（約４３００億円）に達したカーネギー。

１９０１年には、モルガン財閥に所有の会社を売却した。経済界からは引退して、これまでの「いかに稼ぐか」という人生から、「いかに使うか」という人生へとシフトしていくことになる。

「金持ちのまま死ぬのは恥だ」とも言ったカーネギーは、カーネギー・メロン大学、カーネギー・ホールを建設するなど、さまざまな分野で巨額の寄付を行った。４０００以上の教会にオルガンを贈ったこともある。

そしていつしかカーネギーは「鉄鋼王」だけではなく、こうも呼ばれるようになったのである。「慈善王、カーネギー」と……。

実は、これはかねてからのカーネギーの計画であり、33歳の時点でカーネギーはこんなメモを記している。

「33歳で、年収は5万ドル。財産をこれ以上増やすようなことはせず、余分な金は、毎年、慈善事業に使うことにする」

実際には引退するまで、これから30年以上かかることになるのだが、方向性としては、この頃からブレていないことがよくわかる。

　なかでもカーネギーが熱心に寄付したのが、図書館である。

　カーネギーはロード・アイランド州以外のアメリカのすべての州にカーネギー図書館を作るということをやってのけた。さらに、イギリス、カナダ、

アンドリュー・カーネギー　Rex Features／アフロ

ニュージーランド、オーストラリア、南アフリカ、モーリシャス、フィジー諸島など国境を越えた支援を行い、世界中に図書館を建てまくったのである。

　それもあえて建物の建設費のみを寄付することで、自治体から蔵書の購入費や維持費を引き出すようにした。最初にかかる費用をすべて寄付してしまえば、一過性の運営で終わる可能性もあるが、自分の寄付をきっかけに公金を図書館にあてるという流れができれば、継続的に予算が組まれることになるからだ。ただ単に寄付をして終わりではなく、それが真に社会で生かされるかたちで援助できるように、カーネギーは注意を払っていたのである。

　それにしても、なぜ、そこまで図書館にこだわったのか。それはカーネギーの生い立ちと関係している。

　配達の仕事をしていた少年時代の頃、カーネギーは事務所が閉まる遅くまで労働し、心身ともに酷使されていた。

学校教育も受けていないうえに、独学で学ぶ時間さえなかったのだが、それでも読書するくらいの時間は、なんとか見つけることができそうだった。それよりも深刻な問題は、本を買うお金である。

そんなとき、ジェームズ・アンダーソン大佐という人物が、400巻にも及ぶ自分の図書を、少年たちのために開放すると発表。カーネギーは、すぐさま飛びついた。貸りられる冊数はたった1冊だったが、カーネギーにとっては、それでも十分だった。

カーネギーは、大佐に深く感謝しながら、アメリカの歴史を学んだり、シェイクスピア作品を楽しんだりした。そして、得ることのできなかった教育を補って余りある知識を身に付けたのだ。

カーネギーが常々言っていた言葉がある。ここに、彼の図書館への思いが凝縮されている。

「図書館こそ、わたしの大学だ」

第14位

お金が怖い!? 全米一の金持ち

ジョン・ロックフェラー　John Davison Rockefeller, Sr.　1839-1937

献金を計算するために職員を雇っていた

『ニューヨークタイムズ』紙が2007年に発表した、アメリカの歴代富豪ランキング「最も裕福だったアメリカ人」では、石油王のジョン・ロックフェラーが1位に輝いている。米国情報サービスCelebrity Net Worthによると、彼の保有している金融資産は3400億ドル（約39兆7800億円）にも及んだという。誰もが認める、富豪の代名詞的存在、それがロックフェラーである。

ロックフェラーは、1870年にスタンダード・オイル社を設立。トラストを形成して石油業界を独占的に支配し、アメリカの石油産業を急成長させた。農夫の息子から成り上がった成功物語は、アメリカンドリームの象徴でもあるが、大富豪ならではの豪快な武勇伝とは無縁の人生だった。

父の収入が不安定だったことから、母から倹約の精神を叩き込まれたロックフェラーは、几帳面に収入を会計帳簿に記録することを生涯を通じて実践した。節約することに重きを置いた彼は、こんなことを言ったこともある。

ジョン・ロックフェラーの肖像画　Everett Collection／アフロ

「私は煙草も紅茶もコーヒーもほしいと思ったことは一度もない。なんであれ、ほしくてたまらないと思ったことは全くない」

なんだかつまらなさそうな人生だが、そんなロックフェラーも節約を徹底できなかったことがあった。あるとき、ウールの手袋ではなく、毛皮の手袋を買ってしまったのだ。すると、そのことをロックフェラーは90歳になっても思い出しては「どうして普段の手袋に2ドル50セントも使ってしまったのか」と悔やんだという。

さらに、信心深かったロックフェラーは、物心ついてから収入の10分の1を献金するという習慣をつけた。10%とはいえ、石油産業だけではなく、軍事産業や金融業にも進出したロックフェラー財閥の収入は膨大なものだ。その計算も複雑になるため、世界一の富豪になってからは、献金を計算するための担当部署に十数名の職員を雇っていたくらいだ。

とにかくやると決めたら徹底的にやらなければ気がすまない性格らしい。だからこそ、石油王としてこれだけの成功を収めることができたのだろう。

富に押しつぶされそうになる？

一生で使い切れないほどの富を誇る者は、世間から羨望《せんぼう》されることもあれば、嫉妬されることもある。それが独占企業の経営者ならば、バッシングされるのは避けがたい。孫のデイヴィッド・ロックフェラーは、祖父について回顧録で次のように書いている。

「スタンダード社のおかげで、祖父は〝全米一の金持ち〟と言えるくらい豊かになった。祖父はまた、生涯の大半を嫌われ者として過ごした。タブロイド紙はスタンダード社の商法を攻撃した。競争相手をことごとく排除して石油産業の独占を完成させようとする情け容赦ないやり口であり、犯罪だとして告発したのだ」

石油産業の独占を問題視されたスタンダード・オイル社は１９１１年、とうとう解体を命じられてしまう。これで、１９０７年に政府が起こした反トラスト訴訟が決着した格好となった。

しかし、皮肉なことに、解体によって彼の資産はさらに増えることになる。訴訟の影響で下落していた株価は判決後には持ち直して、解体後の旧タンダード・オイル社の株に投資家たちは飛びついた。その結果、判決から2年間で、ロックフェラーの推定資産は3億ドルから9億ドルへと3倍に増えた。１９１３年の9億ドルは１９９６年の価値でいえば、１３０億ドル以上である。結局、引退後の10年間で、ロックフェラーの資産は5倍に膨れ上がった。

うらやましい限りだが、これだけの規模の資産になってくると、そう単純な話でもない。世間からの風当たりがますます強くなるなか、牧師で後にロックフェラー財団を取り仕切るフレデリック・ゲイツからはこう警告されている。

「あなたの財産はなだれが押し寄せるようにどんどん膨らんでいる。それに歩調を合わせなければならない。貯まる速さをしのぐスピードで分配しなくては、あなたも、お子さんも、お孫さんも、富に押しつぶされてしまうことだろう」

富に押しつぶされる前に、とロックフェラーは1913年にロックフェラー財団を設立すると、1年目に1億ドルを寄付。その後も寄付は続けられ、10年間での総額は約1億8200万ドル、現在のドルに換算して20億ドル以上にも上った。日本円にすれば、2000億円以上という巨額な寄付金である。

第15位で「慈善王」と呼ばれたカーネギーについて取り上げたが、ロックフェラーは1919年の時点で、カーネギーが生涯で寄付したといわれている3億5千万ドルと同額の寄付を行っていた。さらに、死ぬ前に1億8千万ドルを投じたため、額だけでいえば、カーネギー以上に慈善活動を展開していたのである。

野口英世を世に送り出した

ロックフェラーがとりわけ支援に力を入れたのが、教育と医学である。1890年代にはシカゴ大学を創立し、1901年にはロックフェラー医学研究所を設立している。

ロックフェラー医学研究所については、ヨーロッパのパストゥールやコッホの研究所を手本にした。最初から大規模な寄付はせずに10年にわたって少しずつ寄付をして慎重に進めたところや、研究所名に自分の名前を冠したところに、ロックフェラーの静かな熱い情熱を感じ取ることができる。ロックフェラー自身が長生きしたいという願いから、医学には軒並みならぬ関心があった。

最高責任者にはジョンズ・ホプキンズ大学の初代学長で、病理学教授のウィリアム・H・ウェルチ博士が就任。このトップの人事について、ロックフェラーは自信を持っていたようで、息子に次のように語った。

「ジョン、うちには確かに金がある。だが、その金を有意義に使える頭脳と創造力と勇気を持った有能な人間を探してこそ、その金が人類の役に立つことになるのだ」

それだけ見込まれたウェルチは初代所長にサイモン・フレクスナーを選び、そのフレクスナーは、後に野口英世の才能を見出すことになる。野口がアメリカで学べたのはフレクスナーのおかげだったことを考えると、ロックフェラーが医学研究所を設立しなければ、野口の功績が称えられることもなかっただろう。今の日本の1000円札の肖像は変わっていた可能性が高い。

ロックフェラー医学研究所は、1965年にはロックフェラー大学に変更され、これまで20人以上のノーベル賞受賞者を輩出している。

第13位

太陽王ルイ14世が嫉妬した城

ニコラ・フーケ　Nicolas Fouquet　1615-1680

不動産を多数所有していた

富豪は人々の嫉妬の対象となり得るか。

答えは、イエスでもあり、ノーでもある。人は自分より多少よい生活をしている人間をうらやむことはあっても、桁外れにゴージャスな生活を送っている人間には、嫉妬心を抱きにくい。どこか非現実な存在だからだろう、スケールの大きい富豪は憧憬《しょうけい》の対象となることさえある。

そういう意味では、17世紀のフランスで大蔵卿を務めたニコラ・フーケは本来、嫉妬の対象となるべき富豪ではなかったはずだ。

ただ一人、ルイ14世、その人を除いては……。

貴族の家に生まれたフーケは13歳から弁護士として活躍し、宰相のジュール・マザランに取り立てられながら、順調に出世。パリ高等法院の検事総長の座についても満足することはなく、1653年からは大蔵卿も兼任することになった。

資産家の娘との政略結婚によって財を築いたフーケ。さらに国家の基金を扱うポジションを得たことで、横領や汚職が可能となり、たちまちに私財を肥やしていった。

それは彼の羽振りのよさを見ても明らかで、パリのサン・トノレ通りに豪邸を構えただけではなく、パリ郊外のモントルイユとサン・マンデにも家があり、さらに、大きな賃貸住宅を市内に5つも所有していた。

まるで不動産王だが、どの邸宅も豪華なものだったというから、底知れぬ財力である。しかし、そんな絶頂期にこそ、人生の落とし穴が潜んでいる。フーケの場合もまさにそうだった。

豪華な城に太陽王が目を付けた

フーケは1661年8月16日、ヴォー＝ル＝ヴィコント城で大規模なパーティを開催し、その財力を見せつけた。その城は、造園家のル・ノートルによる華麗な庭園をはじめ、城館も、噴水装置も、内装もいずれも超一流によって手がけられた豪華絢爛《けんらん》なもの。

パーティで出された料理が一流だったことはもちろんのこと、純金のテーブルや、6000枚の銀の皿、400個の銀の鉢と隅から隅までゴージャスづくし。さらに、余興では、劇作家モリエールによって書き下ろされた喜劇『うるさがた』が最新の装置を持つ野外劇場で上演された。参加者たちは大いに魅了されたことだろう。

　フーケがここまで豪華なパーティにしたのは、親政を始めたばかりのルイ14世がゲストとして訪れたからだ。そのことは、出席者の一人である詩人のラ・フォンテーヌが友人への手紙でこう書いていたことからもわかる。

「すべての感覚を楽しませてくれるものだった。ごちそうは場所や主人、そして陛下にふさわしいものだった」

　国王が来るとなれば、できるだけ華美にしなければ、という気持ちはわかるが、フーケは男の嫉妬を見誤ってしまった。なにしろ、ヴォー＝ル＝ヴィコント城は王宮を凌ぐほどの豪華絢爛さだったのだ。もともとフーケが汚職を行っているという噂を耳にしていただけに、ルイ14世は心中穏やかではなかった。

　パーティ中は終始にこやかだったルイ14世は、帰りの馬車に乗り込むと、母后にこう言ったという。

「フーケは即刻逮捕だ。なに、数日あれば、奪い取った金を全部吐き出させてくれる」

　その言葉通り、パーティから19日後、フーケは公金横領の嫌疑で逮捕。財産を差し押さえられ、さらに終身刑まで宣告されてしまう。

　目立っていたフーケを裁くことで政治の闇を一掃しようとしたのだろうが、フーケが「男の嫉妬」にもう少し敏感であれば、運命は変わっていたかもしれない。

島を買って要塞を築いた

　フーケが生涯で行った「大きな買い物」は挙げればキリがないが、その最たるものは「島」かもしれない。その島とは、ブルターニュ半島沖合に浮かぶ、「美しい島」を意味する、ベル・イル島。フーケは

１３０万ルーブルをはたいて、この島を自分のものにしてしまった。

彼なりに自分を追い落とそうとする不穏な空気を感じていたのか、万が一に備えて、フーケはこの島に要塞を作らせている。そして「防衛計画書」なるものも作成していたのだが、裁判では、それが王権奪取を目論んでいたのではないか、と疑われる種となってしまう。

エドゥアルド・ラクレテルによるニコラ・フーケの肖像画

島ごと購入してしまった富豪は、フーケだけではない。『ワイアード』誌では、「富豪が所有する島」を写真入りで紹介している。

本書の別項では「海運王」と呼ばれたアリストテレス・オナシスについて取り上げているが、彼は１９６２年、ギリシャ沿岸に浮かぶスコルピオス島を購入（２０１０年に約１５８億円で売買）。その翌年には、ジャクリーン・ケネディとの結婚式をこの島で挙げている。約１キロにわたるこの島には、オナシスの３つの邸宅、ヘリコプター用の滑走路、ヨットのための港まであったという。

また、ジョン・ロックフェラー家の一員であるローランス・ロックフェラーはイギリス領ヴァージン諸島の中央にある小さな島「サンディ・ケイ」を所有していた（２００８年に手放している）。チャールズ・リンドバーグはフランス、ブルターニュ半島の北岸の町ボール・ブランの沖合の小島、イリエク島を購入。英国人のロスチャイルド男爵はバハマ諸島にあるベル島を所有している。

近年では、フィジー諸島にあるマゴ島を1500万ドル（約15億7500万円）で購入したハリウッド俳優のメル・ギブソン、フランス領ポリネシアにあるテティアロア島を所有する名優マーロン・ブランドの名も挙がってくるだろう。

電動立ち乗り二輪車「セグウェイ」の発明者であるディーン・ケーメンにいたっては、コネチカット州の沿岸にある自身の島を「ノース・ダンプリング王国」と呼んでいるという（第72位参照）。

確かに富豪にとって島を買うことは、自分の王国を築くことに等しいのかもしれない。

第12位

首相に頼まれて3900億円をポンと出す

スエズ運河の購入代金をイギリスに貸す

ライオネル・ド・ロスチャイルド　Lionel de Rothschild　1808-1879

大富豪が持つ大金によって、世界史が変わってしまうこともある。

1869年、ヨーロッパとアジアの距離がぐんと縮まった。友好関係が結ばれたというような精神的な距離の話ではない。スエズ運河の開通によって、地中海と紅海が結ばれたことで、物理的な距離が縮まったのである。

運河の開通以来、日に日に増加していく通行量。アフリカ大陸最南端の喜望峰を回らずに、ヨーロッパとアジアの行き来ができるようになったのだから、当然といえば当然のことだが、当時は予想以上の反響だったようだ。

無関心だったイギリスもその運行量の多さを見て、途端に興味を示し始める。植民地のインドへ最短距離で行けるのも魅力的だった。

そんな折、スエズ運河の株を大量に持っていたエジプトが、財政上の困難から、株を手放そうとしているという情報が飛び交った。フランスが興味を示しながらも、400万ポンドという値段を前に、踏み切ることができない。

しかし、イギリスの首相ベンジャミン・ディズレーリは、このタイミングを逃さなかった。議会にはかることなく独断で、エジプト政府に承諾の返事をしてしまう。そして、400万ポンドを支払ったのである。

当時の400万ポンドがどれくらいものだったか。1872年に日本の大蔵省造幣寮が著した『造幣寮首長年報』によると、1ポンドは日本円にして4・88円。400万ポンドならば、1952万円である。明治時代の1円は、今の2万円くらいの価値だと考えれば、現在にして約3900億円という、とてつもない金額であることがわかる。

有望なスエズ運河の株とはいえ、短期間でこれほどの資金を調達するのは容易なことではない。

1875年、17万6000枚のスエズ運河株を手に入れると、ディズレーリは喜びをかみ締めるように、ヴィクトリア女王へこんな電報を打っている。

「You have it, Madame.」（女王陛下、あれはあなた様のものになりました！）

さらに、巨額な資金をすぐに調達できたことの説明として、とある富豪の名を挙げた。その名とは、ライオネル・ド・ロスチャイルド。彼こそ、2・5％の手数料と5％の利子を取ることを約束に、ディズレーリに400万ポンドを貸した大富豪である。

すさまじい財力だが、ロスチャイルド家にとっては、こんなエピソードは世に知られているもののなかの、ほんの一部に過ぎなかった。

ライオネル・ド・ロスチャイルド
Mary Evans Picture Library／アフロ

5人の息子が5ヶ国で銀行を開業

実質的な初代ロスチャイルドと言っていいマイヤーがフランクフルトに生まれたのは、1743年、もしくは、1744年のことである。

幼くして父を亡くしたマイヤーは兄に育てられながら、20歳で古銭の販売業をスタート。紙幣とメダルの通信販売を行ったところ、これが貴重なコレクションだとコレクターの間で話題になった。つながりは皇太子にまで及び、マイヤーはヴィルヘルム公の金融投資事業に参加。26歳のときには、宮廷出入りの商人となった。

しかし、マイヤーの人生の契機は、むしろその翌年、商人の娘グトレとの結婚にあったと言っても過言ではないだろう。その結婚によってマイヤーは五男五女の子どもをもうけ、その息子たちがロスチャイルド財閥の礎を築いていくことになる。

5人の息子たちは、それぞれヨーロッパの有力国で銀行を経営した。

長男のアムシェルは父の死後にフランクフルトの商会銀行を引き継ぎ、ドイツで事業を行った。

次男のサロモンはハプスブルグ王家のオースト

リア、三男のネイサンはイギリスのロンドン、四男のカールはイタリアのナポリ、五男のジェームズはフランスのパリで、それぞれ銀行を開業した。

その結果、一家の総資本は、父が1812年に死去してから、10年強で30倍にまで膨れ上がり、1825年時点で400万ポンドにも及んでいる。50年後にスエズ運河の株購入にあてられる額と同額だ。すでにこのときから、ロスチャイルド家は3900億円あまりの資金を保有していたのである。

「ワーテルローの戦い」で大儲け

これほどまで飛躍できた要因はいくつあるが、ひとつはマイヤーが子どもたちの性格に合わせて、担当する国を選んだことにある。小国が多く利害の調節が必要なドイツには穏やかでおっとりした長男のアムシェルを、古参の実力者が多い大国オーストリアには慎重派で粘り強い交渉ができる次男のサロモンを、といった具合にである。

なかでも狙いがあたったのが、三男のネイサンであり、警戒心がなく新しい環境に飛び込んでいく性格だとわかると、父は21歳のネイサンをロンドンに送り込み、兄弟のなかで最も早く銀行を開業させている。

ネイサンのエピソードで語り草となっているのが、1815年、イギリスとフランスの間で勃発した「ワーテルローの戦い」における、株の売買だ。ネイサンはいち早くイギリスの勝利、つまりナポレオン率いるフランスの負けの情報をキャッチすると、英国債を空売りして暴落を誘導した後に、一転して買い占めるというテクニックで、100万ポンド、今の日本円で288億円を手中に収めている。イギリスのスエズ運河買収のように、金が歴史を動かすこともあれば、このワーテルローの戦いのように歴史が金を動かすこともあるのだ。

ちなみに、このネイサンの長男にあたるのが、冒頭のスエズ運河の株購入時に活躍したライオネルである。即断即決の行動力は、親譲りというわけだ。ネイサンは子どもから「世界にはいくつ外国があるのか?」と質問されて、こんなふうに答えたともいわれている。

「お前が気にしなければならぬのは2つだけ。ロスチャイルド家と、それ以外のものだけだ」

ほかの兄弟は、大胆かつ巧妙な金融家として名を馳せていたネイサンをからかい半分に「総司令官」と呼んでいたという。事実、ネイサンが5人兄弟のなかで常にリーダーシップをとった。それでもネイサンなりの気遣いもあったようで、自分の打ち出した方針にほかのみなを従わせたときは、こんなふうに言ったという。

「君たちがみな、ものわかりのいい人たちであることは僕も重々承知さ。さあ、兄弟5人みな仲良くやろうじゃないか」

とくにネイサンと性格が似ていた五男のジェームズとはたびたび意見が衝突したが、そんなときは長男のアムシェルが仲介に入った。バランスの取れた絶妙なコンビネーションは、互いを古くから知る兄弟ならではのものだ。そのジェームズもまた、フランスを代表する大銀行頭取として結果を出すことになる。

担当するヨーロッパの国々で豪邸を構えて、それぞれ家族を築いた5人兄弟。それでも結婚式や葬式などのセレモニーは、できるだけ母親のグトレが住むフランクフルトで行うようにして、家族が一堂に集まる機会を設けていた。5人を育て上げたグトレは、96歳まで生きている。

ロスチャイルド家は第一次世界大戦までは、世界の政治や経済を動かすほどの影響力を持っていた。そして現在に至るまで、大企業や鉱山、ホテル事業などに深く関与し続け、脈々とその繁栄を引き継いでいる。

COLUMN 1

ロックフェラー家とロスチャイルド家

あまりにも莫大な富は子孫へと受け継がれて、一族に繁栄をもたらしていく。とりわけ、アメリカ最大の富豪一族ロックフェラー家と、ヨーロッパが誇るロスチャイルド家は、その規模からして別格だ。初代からどのように発展したのだろうか。

一族全体の総資産が少なく見積もっても、約340億ドル（約34兆円）ともいわれているロックフェラー家。初代の**ジョン・ロックフェラー1世**は、1839年にニューヨーク州リッチフォードに生まれた。

父親が自宅に愛人を囲うような、ろくでなしだったため、その生活は貧しく、ロックフェラー1世は16歳で簿記の仕事につく。2年後には独立し、25歳のときに精油事業を買収。本格的に石油ビジネスへと乗り出し、大成功を治めた。

その後を継いだのは、5人兄弟の末っ子で一人息子の**ジョン・ロックフェラー2世**である。1911年に独占禁止法が施行されるなど逆風が吹くなか、金融業へと進出を果たす。JPモルガン商会としのぎを削りながら、アメリカの金融界での影響力を強めていった。

そして、ジョン・ロックフェラー2世の5人の息子たちが、さらに一族を繁栄へと導いていく。

3代目として家を継いだ長男の**ロックフェラー3世**のほか、次男の**ネルソン**はアメリカ副大統領、四男の**ウィンスロップ**はアーカンソー州知事、そして、五男の**デイヴィッド**はチェース・マンハッタン銀行頭取の地位につき、政界から経済界まで勢力を拡大させた。ロックフェラー3世のあとは、デイヴィッドが4代目となり、「世界皇帝」と称されるほど、強大な支配権を世界へと広げていった。

一方、200年を超える歴史を持つのが、ヨーロッパで最も有名な大富豪一族、ロスチャイルド家だ。

創始者の**マイアー・アムシェル・ロスチャイルド**は、1744年にドイツのフランクフルトで生まれ、古銭商・両替商で財を築く。死去する2年前に、ロスチャイルド父子商会を設立。5人の息子たち、**アムシェル**、**サロモン**、**ネイサン**、**カール**、**ジェームズ**のそれぞれに、ヨーロッパの有力国で銀行を経営させた。

そこから、ネイサン・ロスチャイルドがイギリス分家の初代、ジェームズ・ロスチャイルドがフランス分家の初代、サロモンがウィーン分家の初代になるなど、ヨーロッパ各国で一族の種が蒔かれ、繁栄していった。

その多大な成功の裏にあったのが、初代マイヤーが5人の息子たちと交わした約束だ。それは、「事業の秘密は厳守すること」。

できるだけに目立たずに、表舞台には出ることなく、実権を握る――。

そんなロスチャイルド家の方針は今なお続いており、それこそが、ロスチャイルド家が世界を裏で操っているのではないかと、まことしやかに囁かれ続けているゆえんだろう。

第11位

1回の食費1億円、ゴチになります！

アウルス・ウィテッリウス　Aulus Vitellius Germanicus　AD15-69

たらふく食べてこそ権力者

強大な権力者ならば、好きな物を好きなだけ食べられるのは当たり前のことだが、それにしても、太陽王と称された17世紀フランスの王、ルイ14世は度を越した大食漢だった。

ルイ14世の食事は朝の10時から始まり、8皿からなるコースが8つ。つまりは64皿をいきなり食するのだ。体内に大量のサナダ虫がいるのではないか、といわれるほどの食べっぷりだったが、満腹になるとガチョウの羽ブラシを喉の奥に突っ込み、吐き出してはまた食べていた。それでも食べきれずに大半は残していたというから、実にもったいない話である。

ルイ14世の場合、料理人は300人以上おり、作られた料理を持ってくるのは14人の着飾った大膳職で、スープ係、肉類係と役割分担までされていた。そして、食事は公開されているため、貴族や夫人が見学に詰めかけた。これではまるで大食いショーである。

孫にあたるルイ16世もやはり大食いだった。フランス革命により死刑を言い渡されたときですら、牢獄にいったん帰って、カツレツ5枚、大きい鶏肉一切れ、葡萄酒3杯を平らげたというエピソードが残っている。これからギロチンに向かうとは思えない食欲である。

飽食の今の時代ならばいざ知らず、かつては満腹まで食べられるというのが、権力者のステータスだったのかもしれない。
ローマ皇帝にも、大食漢はやはりいた。紀元15～69年に在位したアウルス・ウィテッリウスである。

暴君をも取り込んだ人たらし

アウルス・ウィテッリウスが、どんな人物だったか説明が必要だろう。

父は執政官や監察官を務めたルキウス・ウィテッリウス。クラウディウスがブリタニアに遠征してローマ不在のときには、統治を任されたこともあった。カリグラを神とあがめるなど、クラウディウスのご機嫌を取るのがうまかったので、首尾よく出世したが、脳卒中によって死去してしまう。

息子のウィテッリウスも、そんな父の血を継いだのか、カリグラ、クラウディウス、そして暴君ネロといった有力者たちと近づくのに長けていた。カリグラとは戦車操縦を、クラウディウスには賽《さい》を、と相手の趣味に合わせることで距離感を縮めるのが、ウィテッリウスのやり口だった。

ネロに対しては、もっと巧妙な方法でご機嫌を取ることに成功している。ネロが競技祭を司宰していたときのことだ。民衆はネロにリラ（竪琴）を演奏するようにリクエストするが、ネロがそれに応じずに劇場を立ち去ろうとすると、ウィテッリウスが前に出て、ネロに演奏を懇願したのである。その熱意にネロは折れて渋々、演奏を始めた……ように見えたが、実際のところは、ネロは自分の腕前を大勢の前で見せたくて仕方がなかった。そこまで読んだうえでのウィテッリウスの行動であり、ネロの好感度が上がったことは言うまでもない。

とにかく食べて食べまくった

ゴマすりが功を奏して、ウィテッリウスは順調に出世し、執政官や元老院管轄のアフリカ属州の総督の座につく。表向きは真面目にやっていたが、首都では、神殿の奉納物や装飾品をこっそりと盗んだり、金属や銀製の品をスズや真鍮《しんちゅう》と取り替えたりしているという噂があった。陰では、かなりセコイことをしていたようだ。

しかし、68年にガルバが皇帝になると、ウィテッリウスは低地ゲルマニア軍団司令官として派遣されてしまう。

「ウィテッリウスの底知れぬ胃の腑も、属州の豊富な食品なら、満たすことができよう」

そんな小ばかにしたような理由で、ガルバはウィテッリウスを送り出した。すでに彼の大食いは揶揄されるほど有名だったらしい。

ウィテッリウスは浪費家だったため、派遣されたときは旅費すらないほど困窮していたが、やがて持ち前の調子のよさで、司令官として高い支持を得るようになる。相手が一般兵でも会えば熱い接吻を与え、誰からの要求も少しも嫌な顔はしなかった。人気が出るのは当然のことである。

ガルバが暗殺され、マルクス・サルウィウス・オトが皇帝の座につくと、ウィテッリウスはローマに進軍し、オトの軍を撃破。その移動中にも、豪華な食事をしていたそうだが、ここで、ウィテッリウスはついに皇帝の座を手中に収める。

すると待ってましたとばかりに、暴君ぶりを発揮し始めたウィテッリウス。気に食わないものは容赦なく処刑し、熱病に冒された人から水を求められると、毒を入れて差し出すなど非道の限りをつくした。

そして旺盛な食欲に任せて、豪華な食事を胃袋に入れまくった。朝、昼、夕、晩と1日4回、食事を行うことも珍しくなかったという。

ある祝宴では、2000匹の魚と7000羽の鳥が食卓で提供された。よくもそれだけ食べられるものだと思うが、前述したルイ14世と同様に、やはりウィテッリウスも吐きながら、食べていたそうだ。

食事に招待されたときも遠慮なく食べまくり、

1日に別々の二人に招かれたときなど、それぞれ40万セステルティウス（約1億円）をくだらないほど、食費がかかったという。

ウィテッリウスのお気に入りの大皿の内容は、パルティア（現在のイラン北東部）からヒスパニア（現在のスペイン、イベリア半島）の海峡にかけて捕えられたべらの肝臓や、きじと孔雀《くじゃく》の脳みそ、フラミンゴの舌、やつめうなぎの白子を混ぜ合わせたもので、彼はそれを「街の防御者ミネルヴァの楯」と呼んでいた。ここまでくると、もはや贅沢なのかどうかもわからないが、高価な珍味であったことは間違いなさそうだ。

贅沢三昧の日々を送ったウィテッリウスは、わずか数ヶ月で9億セステルティウスを費やした。日本円にして、約2250億円である。剣闘士や野獣の競技も好きでその費用もかさんだため、食費だけではないとはいえ、損失の大半は胃袋へと消えたと思われる。

もちろん、そんな日々が長く続くはずもない。69年、「ベドリアクムの戦い」で敗戦を喫すと、ウェスパシアヌス軍がローマに進軍。捕えられたウィテッリウスは斬首されたとも、崖から突き落とされたともいわれており、無残な最期を遂げることとなった。

ローマ帝国の皇帝、アウルス・ウィテッリウス
Science Photo Library / アフロ

COLUMN 2

貨幣価値の計算方法

本書では、できる限り、現在の価値に換算した日本円の金額を併記した。時代が変われば、貨幣の価値も当然変わる。貨幣価値の変遷について解説したい。

まず、江戸時代を見てみると、お馴染みなのが「1両」という単位。小判1枚分に相当するが、現在の価値に換算すれば、どれくらいにあたるのだろうか。それを知るには、江戸時代にも現代にも両方あるモノで、おおよそを換算するのが妥当な方法となる。

「日本銀行金融研究所博物館」では、米価で計算した場合は、金1両の価値は、江戸初期で約10万円前後、中～後期で4～6万円、幕末で約4000円～1万円ほどだと試算している。だが、米価ではなく、大工の賃金やそばの代金で試算すれば、また異なる金額が算出されてしまうなど、どのモノと比較するかで変わるうえに、モノの生産方法も需要供給の状況も今とは全く違ってくる。あくまでも、参考程度としてとらえておくほうがよいだろう。

では、明治時代に移ると、1円の価値はどうなるのだろうか。これもどんなモノやサービスに置き換えるかで変わってくるが、今は600円もあれば食べられるカレーライスが当時は珍しかったことなど、モノやサービスの希少性をふまえても、モノの値段だけで単純に比べるのは難しそうだ。

具体的に挙げれば、明治35年では、カレーライスは5～7銭、牛肉（100g）が7銭、砂糖（1kg）が17銭、白米（10kg）が1円19銭だったのが、昭和2～5年には、カレーが10～12銭、牛肉（100g）が40銭、砂糖（1kg）が42銭、白米（10kg）が2円30銭と、軒並み価格が上がったのは同じだが、上昇率が全く違うことがわかる。さらに、昭和44～45年になると、カレーライスは130円、牛肉（100g）が135円、砂糖（1kg）が130円、白米（10kg）が1520円と、かなり様変わりしている。

そこで、文部科学省の東京都人事委員会の資料にある「小学校教員の初任給」を見てみることにしよう。そこには、明治33年で「10～13円」という記載がある。「巡査の初任給」を見ても、明治39年で「12円」とあることから、明治時代の1円は現在の約2万円と換算すると、実態に近くなりそうだ。

昭和については、日本銀行がホームページで、企業同士で取引される「モノ」の価格を対象とする「企業物価指数」では、昭和40年の1万円は平成25年の約2.0万円に、小売段階における「モノ」と「サービス」の両方の価格を対象とする消費者物価では、昭和40年の1万円は平成25年の約3．9万円に相当すると試算しており、やはり物差しによって変わってくる。

ちなみに、本書では基本的に現在の貨幣価値に換算するにあたって、明治時代の1円は2万円、大正および昭和前半の1円は5000円、昭和20年代の1円は32円、昭和30年代の1円は10円、昭和40年代の1円は4円を目安に計算し調整した。富豪のスケールを知るうえでのひとつのモノサシとして参考にしていただきたい。

大富豪破天荒伝説

第2章

いよいよ上位！

第10位から第6位までBest 10に突入だ！

続いてベスト10にランクインした破天荒な大富豪たちを紹介したい。宗教革命を引き起こした商人や、アマゾンの奥地に街を造ろうとした自動車王など、このクラスの富豪になると与える影響力が違うのだ。

第10位

うちのヨットは軍艦ですけど、何か？

アリストテレス・オナシス　Aristotle S. Onassis　1906-1975

改装に2000億円かけた「船上の豪邸」

金持ちならではの趣味といえば、ヨットクルージングだ。

アップル創業者のスティーブ・ジョブズも、晩年に全長約80メートルの豪華クルーザー「ヴィーナス」を発注したが、完成を待たずに死去。結果的に家族へ遺すことになった。

その建造費は、1億ユーロ（約111億円）というからすさまじい。船体は超軽量アルミニウム製にし、操舵室は27インチ型のiMac 7台によって管理されているなど、ジョブズらしいこだわりがふんだんに盛り込まれた。ジョブズが生前にデザイン料900万ユーロ（約10億円）のうち600万ユーロ（約6億6600万円）しか支払っていなかったことからトラブルになり、一時期は差し押さえられたことでも話題になった。

しかし、ギリシャが誇る20世紀最大の海運王、アリストテレス・オナシスが所持していたヨットには到底叶わない。25歳から始めた海運業で大儲けしたオナシスは、もともとはカナダ海軍のフリゲート艦だった全長約98メートルの軍艦を、自分のヨット用に改装してしまったのである。

娘の名前にちなんで「クリスティーナ号」と名付けられたこの船は、改装している最中にもオナシスからのリクエストが重なり、そのたびに豪華になっていった。

船内にはオナシス専用のスイートルームが4つ

1953年に撮影されたアリストテレス・オナシス
ullstein bild / アフロ

も設けられ、シエナ産の大理石で作られた浴槽には黄金の水栓が取り付けられており、壁にはヴェネツィアン・グラスが張られていた。豪華な部屋はそれ以外にも9つあって、オナシスはそれぞれにギリシャの島の名前をあてがったという。

ほかにも、船内の手すりは大理石で、インテリアとしては時価数億円のエル・グレコの絵画がかけられていたし、バーの手すりにいたっては最高級の鯨の歯で作られていた。さらに、子ども部屋にある人形の衣装はすべてクリスチャン・ディオールの手によるものだったなど、細部に至るまでとことんゴージャス。まさに船の上の豪邸である。

気になる改装費は、なんと約200億円！　しかもこの船は1年間、普通に航海するだけでも、3億円のコストがかかったという。このハンパない維持費を考えれば、豪邸を持つほうがまだ安上がりに違いない。

ハリウッド女優や大統領夫人も魅せられた

派手好みのオナシスは、パーティで有名人と交わることが大好きだった。

この豪華なヨット、クリスティーナの船上でも多くの著名人をゲストに招いて、その華やかな社交をアピールしたことは言うまでもない。船上で、イギリスBBCのインタビューを受けて、自分が築いた富についてたっぷり語ったこともある。

世界的な著名人だけではなく王族までもが、オナシスの船に集まった。イギリスを代表する映画俳優リチャード・バートンは、次のように語っている。

「まるで臆面もないナルシシズムに満ちたこの船の誘惑に勝てる人間は、男女問わずこの世にはいないだろう」

ギリシャの島の名が付けられた9つの豪華な部屋のうち、とりわけ「イサカ」と名付けられた部屋は、スペシャルゲストのために使われた。伝説のオペラ歌手マリア・カラスや、ハリウッド女優のグレタ・ガルボなどが、この部屋に招かれた。いずれも、オナシスが浮き名を流した相手である。

プレイボーイだったオナシスにとって豪華ヨットは、自分の富を誇示することができるうえに、著名人たちと交流を深められ、かつ、美しき女性たちと誰にも邪魔されない夜を過ごすことができるという、最高かつ最強のアイテムであった。

豪華船「クリスティーナ号」　mauritius images／アフロ

金持ちになるためにあらゆる手をつくした

しかし、オナシスは、ただ華美な生活をお気楽に享受するタイプの富豪とは全く違う。

彼は名家の出身でもないし、資産家の親族がいるわけでもない。それどころか、生まれ故郷であるオスマン帝国のスミルナは、第一次世界大戦後、ギリシャに占領されたかと思えば、トルコに奪還されるなど政情が不安定で、オナシス一家は全財産を失ってしまう。

そんななか、オナシスはブエノスアイレスへ渡り、そこでは難民の一人として過酷な扱いを受けることになった。皿洗い、洗濯、夜警などあらゆる仕事をやって食いつなぎながらも、オナシスは人生を諦めなかった。金儲けのチャンスを貪欲に探した結果、電話会社で働いているときに国際電話を盗み聞きしたことで、タバコ製造業に可能性を見出すことになる。それが見事にあたり、オナシスは海運業へ乗り出す資金を得ることができたのである。

海運業で富をつかめばつかむほど、彼のハードワーカーぶりには拍車がかかり、取引が始まるとコーヒーを飲みながら、服を着たままのわずかな転寝だけで48時間ぶっ通して働いていた。

実のところ、派手な女性関係すらも仕事の息抜きというよりも、むしろビジネスに直結していた。例えば、海運業者一族の娘だったインゲボルグは人妻だったにもかかわらず、オナシスはお構いなしに関係を持って、そのコネクションを大いに活用している。さらに、オナシスが結婚したアシーナ・リバノス（愛称・ティナ）は、ギリシャの海運王のスタブロス・リバノスの娘であり、結婚後は義父から資金援助を受けて、事業を拡大させた。

友人から「君は上流階級と結婚したいだけなんだ」と言われると、オナシスは「金はあるに越したことがない」と答えたというエピソードもあるくらいだ。

ティナと離婚した後、オナシスが結婚相手に選んだのは、9年間交際したマリア・カラスではなく、ケネディ暗殺によって未亡人となったジャクリーンだった。ジャクリーンは大変な浪費家だったが、すでに62歳だったオナシスは富よりも、むしろ社会的地位を渇望《かつぼう》していた。アメリカ大統領の元妻との結婚は、おあつらえ向きだったのだろう。

そのジャクリーンと出会って関係を深めたのも、やはりこの豪華ヨットの上であった。

第9位

世界の七不思議、アルテミス神殿を建てた

クロイソス　Croesus　BC595-BC547?

「神の家」を手がけた大富豪

旅行家としての顔も持つ古代ギリシャの数学者、ビザンチウムのフィロンは、著書『世界の七つの景観』で、7つの巨大建築物の名を挙げた。それが、「世界の七不思議」として知られるようになる。

バビロンの空中庭園、オリンピアのゼウス像、ハリカルナッソスのマウソロス霊廟、ロードス島

クロード・ヴィニョン「リディアの農民から貢ぎ物を受けるクロイソス」(1629年)

の巨像、アレクサンドリアの大灯台、ギザの大ピラミッドなどがそうだ。そして、フィロンが「この神殿の前には、ほかの不思議はすべて陰に隠れてしまった」とまで書いたのが、エフェソスで築かれたアルテミス神殿である。

7つの建物のうち、現存するのはギザの大ピラミッドだけだが、アルテミス神殿も一部だけが跡地に残っている。しかし、トルコ旅行をして現地に足を運んだならば、がっかりしてしまうかもしれない。そこに残っているのはたった1本の柱のみだからだ。

だが、ローマの博物学者・プリニウスの著書『博物誌』によれば、ここではかつて、イオニア風の白大理石の127本の円柱が、20メートルもの高さの神殿を支えていた。大理石で作られた壮麗な大神殿は「神の住む家」とも呼ばれ、彫刻家たちはこの神殿に作品を飾ってもらえるよう創作に励んだ。

アルテミス神殿は紀元前550年頃、アケメネス朝ペルシアの時代に完成した。建築に要した年月はなんと120年。この「神の家」の建築に着手したのが、リディア王国の王、クロイソスである。

リディア王国は、現在のトルコ共和国の西部に位置するリディア地方に紀元前7世紀頃に成立。紀元前547年にペルシアに滅ぼされるまで続いた。その王国の5代目にして最後の王となったクロイソスが王位を継いだのは、35歳のときである。どんな人物だったのか、歴史家のヘロドトスは著書『歴史』で次のように綴っている。

「このクロイソスが、われわれが知る限りでは、ギリシャ人を征服して朝貢を強い、あるいはこれと友好関係を結んだ、最初の異邦人であった。すなわち彼は、イオニア人、アイオリス人およびアジアに住むドーリス人を征服する一方、ラケダイモン（スパルタ）とは友好関係を結んだのであった。クロイソス統治以前は、すべてのギリシャ人が自由であった」

クロイソスはエフェソスをはじめにイオニア、アイオリスの全都市にも攻撃。ハリュス川以西の住民をほとんど征服してしまう。

勢力を拡大し、莫大な富を築いたクロイソス。英語の言い回しで、彼の名前を使ったこんな表現がある。

《as rich as Croesus》

直訳すれば「クロイソスのように金持ちだ」、つまり、莫大な富を持っているという意味になる。

クロイソスはいわば富豪の代名詞ともいえる人物で、だからこそ、豪華なアルテミス神殿の建築を計画することができたのだ。

神頼みでデルフォイの神殿に豪華な贈り物

本書では、ひたすら「カネ」の話をしているが、世界史上初めて帝国通貨を確立したのは、このクロイソスだといわれている。クロイソスは、金貨と銀貨、2種類の通貨制度を導入した。

クロイソスが通貨制度をいち早く整えたのには理由がある。リディアの首都のサルディスが東西交易路の要衝にあり、交易が盛んに行われていたからだ。クロイソスによって広められた金貨と銀貨は、アジア中に広まっていき、ギリシャでも流通することになる。

積極的な外交政策で勢力を拡大させると同時に、関税や朝貢によって経済を発展させ、通貨制度を整備するなど内政でも手腕を発揮したクロイソス。その実績だけ見れば、自信に溢れた重厚な人物を想像するが、迷信に惑わされる気が小さな面もあったようだ。

クロイソスの力で、リディア王国に諸民族がどんどん併合されていくと、ギリシャの賢人たちが多く訪ねてくるようになった。そのなかの一人、ソロンに対して、クロイソスはこんな質問をする。

「そなたは誰がこの世界で一番幸せな人間だと考えるか」

すると、ソロンは見事な戦死を遂げたアテナイのテロスという人物の名を挙げた。てっきり自分の名が挙がると思ったクロイソスは「では、二番目に幸せなものは誰か」と食い下がったが、次にソロンは運動競技に長けた兄弟の名を挙げたため、クロイソスは怒ってしまう。

ソロンがクロイソスの名を挙げなかったのは、人の一生は最期までわからず王はまだ存命中であるため、と説明したが、クロイソスはソロンに一瞥もせずにその場から立ち去らせている。誰が見ても明らかな富と権力を手にしているクロイソスが、それでも他人から「幸せ者だ」と言ってもらわなければ気がすまなかったというエピソードには、何か人間のもの悲しさを感じる。

またペルシアが強大になってくると、クロイソスはギリシャやリビアにある、あらゆる神託所へ使者を送った。それぞれがどんな神託を送ってくるかを見たうえで、一番信用できるところを選び、ペルシア出兵についての意見を聞こうとしたのだ。

まるで神託のプレゼンだが、クロイソスの心をつかんだのは、かの有名なデルフォイの神殿だった。そうと決まればと、クロイソスはさまざまな種類の動物、合わせて3000匹の体を引き裂き、巨大な薪の山を築くと、金銀の金具で作った寝椅子や黄金の皿、紫紺の衣装に肌着などを火にくべた。すべて神の恩恵を十分に受けるための犠牲である。

それだけではない。クロイソスは、さまざまな贈り物も行っている。次に挙げるのは、その一部である。

○117個の金の煉瓦《れんが》(うち4個は純金、残りは金と銀の合金)
○純金の獅子の像
○巨大な混酒器2個(黄金製と銀製)
○聖水盤2個(黄金製と銀製)
○4個の銀製の甕《かめ》
○円形と銀の鋳物《いもの》

トルコ共和国、エフェソスにあるアルテミス神殿　高田芳裕/アフロ

○黄金の婦人像

もうひとつ、クロイソスが信頼できる神託だとしたのが、アンピアラオスの神殿であり、ここには金製の楯《たて》と槍《やり》を奉納している。

これだけの贈り物をしたうえで、クロイソスは、ペルシア出兵の是非と、自軍に加える同盟国について、それぞれの神殿に尋ねた。すると、次のような神の答えが返って来た。

「クロイソスがペルシアに出兵すれば大帝国を滅ぼす。同盟国は、ギリシャの国で最強の国を調べて、これを同盟国にせよ」

これだけ貢いだ割にはあっさりとした内容にも思えるが、神を信じるクロイソスはこの答えに大喜びで、ペルシアへ出兵。だが、アケメネス朝のキュロスに敗れて、リディア王国は滅亡することになるのだった。

神殿側は、クロイソスの神託の解釈に間違いがあったとしているが、多くの貢ぎ物をして、わかりにくい神託をされたクロイソスが哀れな気がしてならないのは筆者だけだろうか。

第8位

免罪符はこの男への借金返済にあてられた

ヤーコブ・フッガー（ヤーコブ2世） Jakob Fugger von der Lilie. Jakob II 1459-1525

ローマ皇帝の座を全力で買収した

余の帝国では太陽の没することがない——。

そう豪語したのは若きスペインの王、カルロス1世である。その言葉通り、カルロス1世はヨーロッパだけではなくアフリカまで支配を広げ、一大帝国を築き上げた。名門ハプスブルク家の最盛期を作り出し、神聖ローマ帝国の皇帝も兼任。皇帝としては「カール5世」と呼ばれた。

　大きな権勢を持ちながら、生真面目な性格で戦いに明け暮れたカール5世。世界史に名を刻む名君と称するのに、異論を唱える者はいないだろう。だが、彼が皇帝の座につけたのは、ある一人の富豪による大きなバックアップのおかげだった。

1519年頃のヤーコブ2世

　その富豪の名とは、フッガー家のヤーコブ・フッガー（ヤーコブ2世）。1519年、神聖ローマ帝国の座をめぐって行われた選挙はすさまじい「金権選挙」となったが、その舞台裏で、ヤーコブは金の力で大きな存在感を発揮したのである。
　すべては、時の皇帝マクシミリアン1世の「孫バカ」から始まった。
　マクシミリアン1世は、なんとか孫のカール（スペイン王としては「カルロス1世」と呼ばれる人物）を自分の後継者としたいと考えたが、そのためには、7人の選帝侯《せんていこう》を買収し多数を味方につけて、有力な対抗馬だったフランス王のフランソワ1世に勝たなければならない。しかし、それには莫大な金が必要となる。マクシミリアン1世は、旧知の仲であったヤーコブを頼ることにした。
　もともとフッガー家は南ドイツのアウクスブルクを拠点に、イタリアとの香料、麻織物、綿織物などの取引を行い、利益を上げていた。二人の兄の死後、事業を引き継いだヤーコブは、鉱山経営、金融業を展開して、ヨーロッパ有数の富豪にのし上がる。「富豪ヤーコブ」と呼ばれるほどの財力に、マクシミリアン1世はローマ皇帝の選挙の行方を託した。

1519年、マクシミリアン1世が急死すると、いよいよローマ皇帝の座をめぐって熱い火花が散らされることになる。有力候補はすでに絞られ、カールとフランソワ1世の一騎打ちとなったわけだ。

諸田実氏の著作『フッガー家の遺産』『フッガー家の時代』によると、カールが、選帝侯をはじめに、顧問や貴族、都市の代表などにもばら撒いた選挙資金という名の賄賂《わいろ》の総額は、85万2000グルデンに達したという。1グルデンをおよそ5万円と換算すると、[※1]実に426億円にも上る。

そのうち、ヤーコブは約54万4000グルデン、つまり約272億円もの資金を援助した。すでに深い交流があったマクシミリアン1世とは異なり、孫のカールはヤーコブにとって未知の人物であったにもかかわらず、である。

まだ勝てるかどうかもわからない選挙によくもこれだけ投資したものだ。しかもこのときのヤーコブの財産は100万グルデン（約500億円）だったといわれている。つまり、ヤーコブは、手持ちの財産の半分をカールに賭けたのだ。

大勝負の結果、7人の選帝侯は全員一致でカールを選んだ。運命の女神はカールに、そして、ヤーコブに微笑んだのである。1520年10月、アーヘンで戴冠《たいかん》式が挙行され、カールは「カール5世」として、神聖ローマ帝国皇帝の座についた。

皇帝に手紙で「金返せ！」

権力者たちが一目置いたフッガー家の資産だが、神聖ローマ皇帝の選挙戦で援助した270億円あまりを回収するのは困難を極めた。相手も費用が足りないから借りたのであって、皇帝になったからといって即時に返せるものではない。ヤーコブはこの選挙戦の結果で、神聖ローマ皇帝という権力者に大きな貸しを作ることには成功したものの、巨額な援助資金を不問にすることはもちろんできなかった。

そこで、皇帝との間では、こんな取り決めがなされた。皇帝は利息も含めて約60万グルデン(約300億円)をヤーコブに返す。ただし、そのうち40万グルデン(約200億円)は鉱山の収益から、20万グルデン(約100億円)はスペイン国から返済する……というものである。

だが、往々にして約束は破られるものだ。返済は長期化し、ヤーコブは次のような手紙を書いて、返済を迫っている。

「もし私がオーストリア王家を見捨ててフランスについていたとすれば、私は当時私に示されていた莫大な土地と金額とを手に入れたことでありましょう」

厄介だったのが、スペイン国からの返還分で、このせいでフッガー家は全く文化の異なる異国での事業を行わざるを得なくなった。そのことが後にフッガー家に打撃を与えることになる。

フッガー家の1546年時点の営業資本は510万グルデン(約2550億円)と最盛期を迎える。これは、フィレンツェの名家メディチ家の5倍以上である。

宗教革命の免罪符にも関与していた

またヤーコブは、この神聖ローマ帝国選挙の数年前に起きた、マルティン・ルターによる宗教革命にも関係していた。

ルターは1517年10月31日の朝、教会の扉に「九十五ヵ条の論題」を掲示した。それは、お金を出して免罪符を買えば罪が許されるという、ローマ・カトリック教会の身勝手な理論にノーを突き付け、異議を申し立てたものだった。

その騒動のきっかけとなった免罪符。ローマ教会が販売を開始した理由は、ローマのサン＝ピエトロ大聖堂の大改修の費用を賄うためであった。このときの教皇はメディチ家出身の教皇レオ10世である。

そして、免罪符の販売を引き受けたのが、ブランデンブルク選帝侯の子のアルブレヒト。彼がフッガー家から借金をしていたため、免罪符の収入の半分はローマ教皇へ、残りの半分はフッガー家への返済にあてられた。

ルターが思い切った行動に出た背景には、三者の腐敗した関係への怒りがあった。いわばフッガー家が宗教革命を引き起こしたともいえるのである。

数多《あまた》いる富豪のなかでも、ヤーコブのように世界史に影響を与えた人物はそうそういないだろう。莫大な資金があれば「権力」さえもショッピングできることをフッガー家は教えてくれている。

※1 『デューラー ネーデルラント旅日記』（岩波文庫）を訳した前川誠郎氏は解説で「1グルデンがおよそ5万円弱といった換算」と記述。秋山聰氏の「100グルデンは、当時宮廷に雇用された画家が一年間に支給された金額と同額」という記述（『SPAZIO』No.66「デューラーは、なぜ、マルガレーテ女公から絵画の寄贈を断られたのか？」）との見解を踏まえてもおおよそ妥当な換算といえる。

ティツィアーノ・ヴェチェッリオ「カール5世騎馬像」（1548年）

COLUMN 3

日本の長者番付

今、日本で億万長者といわれるのは誰なのか。経済誌『フォーブス』の名物企画である長者番付ランキングの2014年度版から抜粋してみよう。

10位から見ていくと、ABCマート創業者の**三木正浩**が資産約2800億円でランクイン。三木は29歳のとき、ロンドンの老舗馬靴メーカーのホーキンス・ブーツと出合い、日本でも売れると確信。直談判して独占販売権を手に入れた。2002年からは卸業から小売業へと転換。靴業界で快進撃を続けている。

9位は、パチンコ店グループマルハン創業者の**韓昌祐**で、資産は約3400億円。続いて、ユニ・チャーム会長の**高原慶一朗**が約3500億円でランキング入りしている(慶一朗については《コラム⑩ニッポンの経営者に学ぶ「富豪になる発想力」》参照)。

そして同じく資産約3500万円で7位に入ったのが、セブン＆アイ・ホールディングス名誉会長の**伊藤雅俊**である。イトーヨーカ堂、セブンイレブン、デニーズなどイトーヨーカ堂グループの創業者。アメリカ視察を経て、1974年にセブンイレブンの国内第1号を出店。日本でコンビニエンスストア事業を浸透させた。

6位には、資産約4200億円の森トラスト社長、**森章**がランクイン。森ビルの創業者である森泰吉郎の三男で、1999年に森ビルグループから分離独立するかたちで、森トラストを設立。丸の内トラストタワーや赤坂ツインタワーなど一等地に建造物を所有している。

5位は、SANKYOの創業者である**毒島邦雄**。流行のアニメ、映画、漫画などを取り入れた機種をリリースし、新たなパチンコファンを作り出した。パチンコ業界でトップを走り、資産は約4900億円にも上る。

そして4位にランクインしたのが、キーエンス創業者の**滝崎武光**で、資産は約6600億円。徹底した合理主義経営によって、電気機器でトップシェアを獲得。無借金経営での高収益を実現させ、社員の平均年収が1300万円と高額なことでも知られている。

3位は、9300億円の資産を誇る、楽天社長の**三木谷浩史**。1995年の阪神大震災で親族を亡くした経験から経営者を志し、インターネットによるショッピングが全く定着していない頃に、楽天市場を開設。出店してくれる店を探すのに、三木谷自身が駆けずり回って営業しなければならなかったが、今や、日本国内最大級のインターネットショッピングモールとなった。

2位は、ファーストリテイリング社長の**柳井正**で、資産は約1兆7900億円。家業の紳士服店を継いで、1984年にカジュアルウェアの小売店「ユニクロ」の第1号店を広島市にオープン。常識を覆す価格設定とブランド戦略で、「デフレ時代の勝ち組」とも呼ばれた。

そして栄えある1位に輝いたのが、ソフトバンク創業者の**孫正義**。資産はなんと約1兆8400億円。1981年に26歳で日本ソフトバンクを設立。金融、証券、ベンチャーキャピタル、通信事業、放送事業、球団経営などさまざまな分野へと進出を果たし、今でもなお、その勢いは衰えを見せていない。

第1位

女に貢いだ爆薬王

アルフレッド・ノーベル　Alfred Bernhard Nobel　1833-1896

新聞の誤報がきっかけで賞を設立

世界で最も権威のある賞として、誰もが知っているノーベル賞。

設立したのは、スウェーデン生まれの化学者アルフレッド・ノーベルである。ダイナマイトを発明して特許を取ると、各国から注文が殺到したため、世界を股にかけて商業活動を行った。世界で100箇所以上にダイナマイト工場が作られ、ノーベルは巨万の富を築くこととなった。

1895年、ノーベルは持病の心臓病が悪化したことから、遺書をしたためた。そこに書いてあったのが、税と個人への遺産分を除いた全財産の90％以上にあたる3122万5000スウェーデン・クローナを基金にノーベル賞を設立する、というもの。現在の価値にすると、約17億スウェーデン・クローナとなり、1クローナを15円で換算すると、約250億円が基金にあてられたことになる。『アルフレッド・ノーベル伝』（ケンネ・ファント著）によると、遺書の内容は、次のようなものであった。

「私の遺産は、すべて次の通りに処理される。資産は、遺言執行人によって安全確実な有価証券に替え、それを元に基金を設立し、その年利を賞として、当該前年に人類に対して最も偉大なる貢献をなしたる人物に授与するものとする。利子は五等分とする。その一部は、物理学の分野において最も重要な発見または発明をした人物に贈られ、一部は最も重要な化学上の発見または進歩を

ノーベル賞の生みの親、
アルフレッド・ノーベル
KEYSTONE／アフロ

した人物に贈られ、一部は生理学または医学の分野において最も重要な発見をした人物に贈られ、一部は最も理想的な傾向の文学上の傑作を創作した人物に贈られ、一部は国家間の友好および武器兵器の廃案削減あるいは平和会議の開催および推進について最高または最善の行動をした人物に贈られるものとする」

ノーベル賞に数学賞がないのは、この遺書に触れられていないためである。その一方で文学賞が創られたのは、ノーベルが若い頃に詩作に励んで、文学者の道も考えたというバックグラウンドと無関係ではないだろう。この遺書が後世にどれだけ大きな影響を与えたかを改めて実感する。

ノーベル財団はこの遺産の利子と、株式や不動産への投資で、資産運用を行っている。つまり今、ノーベル賞受賞者に贈られる賞金は、アルフレッド・ノーベルの遺産が運用された結果ということ。ノーベルの思いは、時代を超えて、人類に貢献し続けているのだ。

　それにしてもなぜ、ノーベルは自身の遺産をそのように使ったのだろうか。そのきっかけは、フランスのある新聞の死亡記事だった。

「アルフレッド・ノーベル博士：可能な限りの最短時間でかつてないほど大勢の人間を殺害する方法を発見し、富を築いた人物が昨日、死亡した」

　これを読んでノーベルは2つの意味で驚いた。

　ひとつは亡くなったのは自分の身内のことであり、自分自身はまだ生きているということ。

　そしてもうひとつが、このまま自分が死ねば「ダイナマイトを発明して多くの人命を奪った人間」という評価で後世に名を残すということ。

　誤報ではあったが、死亡記事を書かれたことで、ノーベルは、自分についての世間のイメージを知ることができ、それを変えるために着想したのが、人類に貢献するためのノーベル賞の設立だった。

死後も300億以上貢がせた悪女

　一通の遺書の内容が、これほどまで影響力を持つのは富豪ならではだが、ノーベルが自分の資産に関心を示す親類縁者に嫌気が差していたことも、ノーベル賞設立につながったといえるだろう。彼は遺産について、こんなふうに述べたこともあった。

「僕の死を惜しんでくれる人など一人もいないでしょう。犬のベラさえも涙を流してくれないはずです。しかし、ベラは私にいつもいつも忠実でした。人間と違って、どこかに金が隠れていやしないかと家中を探り回るようなこともありませんでした。その点、私の周りの者たちは、遺書を見てきっと落胆の表情を見せるに違いありません。私にはそれが楽しみです」

　ノーベルの深い人間不信が伝わってくるが、その落胆した一人が、ノーベルが42歳のときにウィーン近くの保養地で出会った、20歳の花屋の娘、ゾ

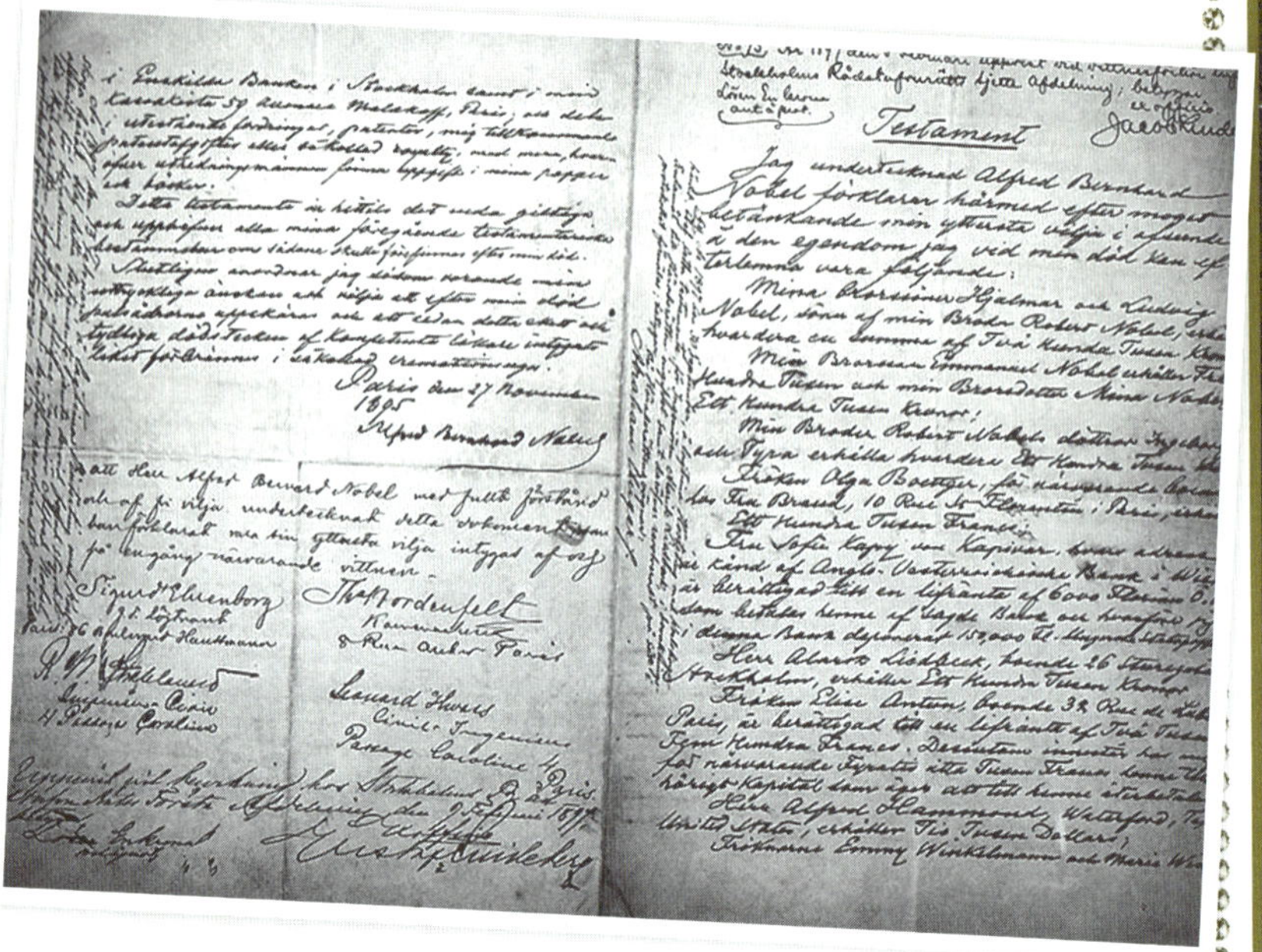
Testament

Jag undertecknad Alfred Bernhard Nobel förklarar härmed efter moget betänkande min yttersta vilja i afseende å den egendom jag vid min död kan efterlemna vara följande:

Paris den 27 November 1895

Alfred Bernhard Nobel

ノーベルの遺言書

フィーである。

一目で恋に落ちたノーベルは彼女のもとへ足しげく通い、そして手紙を出し続けた。18年間にもあたる交際期間のなかで、その数は実に218通にも及んだ。例えば、1878年5月16日の手紙は、次のような文面だった。

「可愛い子ちゃんへ

今、夜の1時半、会社の重役たちもやっと帰りました。交渉につぐ交渉で、彼等に1日中痛めつけられています。今日は本当の安らぎということの必要性を感じました。今日ほど平和が大切だと思い知らされたことはありません。

とにかく手紙をください。君の健康のことや、とにかくなんでもいいから、やさしい言葉で君自身のことを僕に教えてください。そして、僕に大きな慰めと喜びを与えてください」（前出の『アルフレッド・ノーベル伝』より）

一方、手紙魔のノーベルに対して、ゾフィーのほうはというと、手紙を書くときはもっぱらお金がほしいときばかり。高級ホテルの滞在費から、高価な衣装や宝石、馬車まで彼女のほしいものはつきなかった。その浪費癖には、ノーベルも苦言を呈したが、結局、彼女に言われた通りに送金してしまう。

それどころか、ゾフィーの話し相手のためにフランス人の女性を雇うことまでしている。図に乗ったゾフィーは勝手に「ノーベル夫人」を名乗り、好き勝手にあちこちで散財する有様。結局、ゾフィーとの関係は、彼女が妊娠し、それがノーベル以外の男との子どもであるとわかるまで続けられた。

やりたい放題だったゾフィー。しかし、ノーベルの遺書で、自分の取り分が少ないことを知って大きく落胆することになる。

貢がされ男・ノーベルが最後の最後で一矢報いた……かに見えたが、ゾフィーのほうが一枚上手だった。彼女は「ノーベルからもらった200通以上の手紙を公開する」と言って、ノーベル側の弁護士を脅迫。ノーベルの名声が損われることを怖れた遺言執行人のソールマンは、手紙をすべて買い取ることを決意。ノーベルとの関係を口外しないことを条件に、ゾフィーには補償金を支払ったうえで、さらに生活費の保障まですることになった。

結局、ゾフィーには、毎年約15億円という年金が、彼女が亡くなるまでの5年間にわたって支払われた。補償金と合わせると、ゾフィーは合計約302億円もノーベルの死後に手に入れたといわれている。

用意周到に遺産配分を準備した「死の商人」も、惚れた悪女の前では形無しだった。

第6位

アマゾン奥地で大都市開発

ヘンリー・フォード　Henry Ford　1863-1947

T型フォードで稼いだ金でゴム園を

　男ならば誰しもが幼い頃に、秘密基地を作って遊んだ経験があるはずだ。いや、自分の理想を追求した空間造りに励むのは、大人になっても変わらない男のロマンである。自動車王、ヘンリー・フォードは、理想の王国を作りたいという心をいつまでも持ち続けた。

　1908年、フォードが、高級品だった自動車を大衆化させたT型フォードを市場に売り出すと、空前のヒットとなった。低価格で自動車を販売するなんて不可能だと周囲からは大反発を受けたが、フォードは己の信念を突き通して、アメリカ随一の富豪へと駆け上った。総資産は1990億ドルともいわれており、晩年はフォード財団の設立など慈善事業にも貢献した。

　しかし、フォードが億万長者になってから、アマゾンの奥地で自分の思い通りの街を作ろうとしていたことは、意外と知られていない。

　フォードがアマゾンに目を付けたのは、ゴム園を造って自動車のタイヤを自給自足しようと考えたからだ。すでにゴム以外の自動車の原材料はすべて支配していたフォードにとって、ゴムを自主生産することは悲願といってもよかった。

　しかし、ゴムの生産は容易なことではなかった。天然ゴムを産み出すのはヘベア樹という植物だが、アメリカには生息していない。ヘベア以外でゴムを採ることができる植物が見つからないか、フォードは、アメリカの国内にある2000種の植物を調査。タッグを組んだのは、発明家のトーマス・エジソンである。エジソンもまたゴムに大きな可能性を感じ、人工ゴムの研究に没頭していた。

自動車王と発明王。最強のタッグだが、それでもゴムに適した植物を見つけることができなかった。ならば、やはりヘベアしかない。ヘベアは東南アジアや南アジアで栽培されているが、原産地はアマゾンである。熱帯雨林を開拓して自主生産する道をフォードは選ぶ。

1942年7月に撮影されたヘンリー・フォード
TopFoto／アフロ

1920年代後半から、フォードはブラジルのパラー州サンタレン付近でゴム園の造成にとりかかった。アマゾン河の支流タパジョス河沿岸で、200万エーカーの密林が、フォードの手によって近代的な農園に造り変えられていった。

数百万本のゴムの樹を植林し、そこから樹液である天然ゴムラテックスを採取する──。その目的のために、フォードは、アメリカの最高技術を惜しみなく投入。着々と計画を進めながら、フォードはこの地をこう名付けた。

「フォード・フロンティア」

フォードによる開拓。まさにその名の通りだった。このときすでに60歳に近かったが、パイオニア精神は16歳で学校を飛び出し、エンジニアとして働き始めた頃から何ひとつ変わっていなかった。いや、自動車業で大成功して自信を深め、潤沢な資金がある分、その実行力はさらに磨かれていたと言ってもいいだろう。

フォードは、自給自足モデルを目指して、このアマゾンの奥地に、発電所、電灯、電話のシステムを整え、最新設備の機械工場、ゴム加工研究所も建設した。すべてはゴムを自主生産するための先行投資だった。

900億円をかけた街づくり

野生のゴムの木の生産量は年3～4ポンドだが、栽培種の生産量はその2～3倍になり、しかも年を重ねるにつれて増加する——。それがフォードの目算だった。期待は膨らむばかりだが、それには十分な労働力が必要となるため、労働者やその家族のための環境を整えなければならない、とフォードは考えた。しごくまっとうなことだが、ものには限度がある。完璧主義者で妥協を知らないフォードは、さまざまな施設を建築し始めた。

もともとフォードには「従業員のすべてを管理したい」という欲求が強かった。服装を厳しく決めたのはもちろんのこと、食事も健康オタクのフォードならではのこだわりがあり、胚芽米・全粒粉パン・オートミールを食べるように従業員に指導した。

驚くべきことに、息抜きの娯楽にすらもフォードは口を挟んだ。フォードは古風なダンスを好み、モダンダンスやジャズを嫌ったため、従業員にはスクエアダンスを踊るように、と伝えていたという。そんなフォードが環境づくりに着手すれば、大規模な事業に発展するのは、自明の理である。

政府から委託されてウォルト・ディズニーが作った映画『アマゾンの目覚め』では、「フォード・フロンティア」がいかに素晴らしいプロジェクトなのかが紹介されている。この映画を制作するにあたって、ディズニーは実際に現地を視察したが、その映像によると、現地にいる5000人の住民が健康で快適な生活を送れるようにと、住宅は清潔で広い設備が整えられている。また、社員向けの非営利店も作り、食品や衣料をそこで購入できるようにした。

さらに、会社の病院を建築し、最新の設備を揃えて、優秀なスタッフを集めるといった厚遇ぶり。従業員はそこで最高の医療を無償で受けることができた。

従業員の家族のために、フォードは学校まで作っている。それも7つも作り、合計1200人もの生徒が通っていた。もちろん、学校での食事メニューにおいても、フォードはその栄養のバランスに気を配ったことは言うまでもないだろう。

そのほか消防署、警察署、道路、ホテル……など、ゴム園の従業員たちの環境づくりのはずが、街づくりに着手してしまったフォード。1500万ドル（約900億円）という巨額な金額がこのフォード・フロンティアには投じられた。

しかし、どれだけ資金をかけて最新技術を用いても、どうにもならないことがあった。それは、伝染病や害虫である。また、食事をはじめとしたアメリカナイズされた文化に対する現地従業員の反発や、そもそもの技術的な未熟さも立ちはだかった。

開発が困難に陥ったため、フォードは撤退せざるを得なくなり、1945年に土地を売却。結局、樹木から天然ゴムラテックスは一滴も出ることはなかった。

しかし、900億円がふいになっても、フォードに後悔はなかったに違いない。彼の有名な言葉に次のようなものがある。

「決断しないことは、時として間違った行動よりたちが悪い」

アマゾンでの街づくりは、決断力と資金力を兼ねそろえたフォードならではの発想だった。

大富豪の名言

何かと過剰で個性があり過ぎる富豪たち。発せられる言葉も常識はずれだ。そこで、ここでは富豪たちの名言を紹介したい。

まずは、海運王のアリストテレス・オナシスの言葉から。200億円かけてヨットを改装し、ハリウッド女優や大統領夫人を船上パーティに招いた成功者による言葉がこれだ。

「おれは毎朝、人生で勝利を得るために目を覚ますんだ」
(アリストテレス・オナシス)

さすがにすごい自信である。実はこの言葉、愛人でソプラノ歌手のマリア・カラスがプロデューサーからのチャンスをモノにしなかったときに、オナシスが歯がゆさから吐いた言葉で、こんな続きがある。

「おまえがなんのために毎日わざわざ目を覚ましているのか、おれにはさっぱりわからん」

世界の歌姫となる逸材に、そこまで言わなくても……。

その点、本書でも上位で取り上げるハワード・ヒューズの場合は、人生の目的がはっきりしている。

「人を驚かせるのが好きなのさ」 **(ハワード・ヒューズ)**

自らパイロットとして操縦までした、破天荒な人生にぴったりの言葉だ。

アメリカの新聞王ウィリアム・ランドルフ・ハーストは、次々とメディア媒体を傘下に収め、世論を煽るだけ煽って新聞を売って大儲けしたが、周囲の反発を怖れずに突き進むことができたのは、こんな信念があったからだった。

「待ち構えている障害にではなく、目標に注意を集中するべきだ」
(ウィリアム・ランドルフ・ハースト)

何かを始めようとしたときに、つい「できない理由」に目が奪われがちだが、それではいつまで経っても、大きなことは何も成し遂げられない。大切なのは、自分にとって一番の目標を見失わずに実現していくこと。

それには、自分自身がまず変化を怖れない覚悟を持つことがまず必要だ。大金融帝国のモルガン財閥を築いたジョン・ピアポント・モルガンのこの言葉で締めくくろう。

「どこかにたどりつきたいと欲するならば、今いるところには、とどまらないことを決心しなければならない」 **(J.P.モルガン)**

大富豪破天荒伝説

第3章

ここでいったん、第50位から第21位を見てみよう!

ここで50位から見てみよう。20位以内には入れなかったものの、気に入ったレストランをその場で買い上げてしまったり、婚約者にオペラ劇場をプレゼントしてしまったりと、個性はむしろ上位に勝るかも!?

第50位

月の仕送り7000万円

薩摩治郎八［さつま・じろはち］　1901-1976

30年のパリ生活で豪遊三昧

日本人が、オリンピックで金メダルをとったり、学問でノーベル賞をとったりして世界に注目されれば、思わず誇らしい気持ちになるが、散財ぶりで有名になってもらっても、あまり自慢したい気持ちにはならない。

それでも、薩摩治郎八くらい徹底して浪費すれば、ひとつの伝説になる。パリの社交界で湯水のように金を使いまくった治郎八の豪遊ぶりは「バロン薩摩」、「東洋のロックフェラー」、「東洋の貴公子」と呼ばれるほどだった。

それでもまだ自身で立身出世して得た財産ならば、サクセスストーリーとして尊敬されることもあるだろう。しかし、その財産を築き上げたのは、祖父の薩摩治兵衛。貧しい農民の生まれでありながら、治兵衛は木綿業で巨万の富を得て、木綿王としての地位を築いた。孫の治郎八はその財産をただひたすら食いつぶしたというから、子どもに

「日仏の父」薩摩治郎八。永年にわたって諸外国と日本の友好のかけ橋となってきた功績をたたえられ、勲3等旭日中綬章を受章（1973年撮影）
読売新聞／アフロ

見倣えとはとても言いがたい人物である。

　2代目はまだ先代の苦労を見ているものだが、この世に生を受けた時点ですでに裕福な3代目には怖いものがない。石垣が100メートルも続く豪邸で使用人に囲まれながら幼少期を過ごした治郎八は、1920年に18歳でイギリスへと留学。そのときの月の仕送りが1万円で、今の価値に換算すれば約7000万円というから開いた口がふさがらない。働くのが馬鹿らしくなってくるような金額を手にして、まだ学生だった治郎八は青春を謳歌した。スコットランドでできた彼女をサイドカーに乗せて、リッチモンド公園でデートする。当時の日本人とは思えない振る舞いを、治郎八は涼しい顔でやってのけた。

　そして、治郎八の真骨頂はなんと言っても、30年間に及ぶパリ生活での豪遊だろう。パリの最高級ホテルで美女とディナーに舌鼓を打つのももはや日常。社交界では芸術家たちと交流し、気に入ったアーティストには支援を惜しまなかった。日本人画家の藤田嗣治《つぐはる》、岡鹿之助《しかのすけ》、歌手の藤原義江《よしえ》のほか、ジャン・コクトーや作家のポール・モーラン、クロード・ファレルなど名を挙げればきりがない。一流が集まる社交界で惜しみなく金を使った治郎八は、総額で600億円もパリで散財したといわれている。

40億円かけて学生寮を建設

　しかし、治郎八は日本に貢献するような大事業も行っている。それは、パリ国際大学都市日本会館の建設である。

　パリに来る留学生のための寮であり、ガラス装飾や照明などは一流の彫刻家が担当するなど、治郎八らしいこだわりが随所に見られる。その総工費を、フランス文学者の鹿島茂氏は現在の価値で約40億円と試算しているが、それをすべて治郎八が負担した。

　1929年に行われた開館式にはフランスの大

統領や首相、大臣たちも来賓として訪れ、治郎八は勲章まで授与された。治郎八にとっても、忘れられない日となったようで、興奮気味にこんなふうに記載している。

「私もうれしかった。この晴れの夜会に世界で初めての紺の燕尾服を着、オノラ総裁からレジオンドーノールのオフィシエ勲章を付けていただいたのだから……世界一の都市、世界一のホテルの夜会、世界一の燕尾服、すべて世界一だった。28歳の春は輝きにあふれていた」(鹿島茂『蕩尽王、パリをゆく』より)

そして、この時点でまだ若干28歳だというから、末恐ろしい男である。日本に帰国後もフランスのことが忘れられず、第二次世界大戦でドイツと開戦したばかりのフランスへ強引に渡り、ナチスに追われた文化人の援助などを行った。

しかし、再び日本に戻ってきた1951年には、敗戦によって薩摩家も没落。60歳にして治郎八は、浅草のストリップ小屋で出会った25歳の踊り子と暮らし始め、晩年は彼女の郷里である徳島県で過ごしている。受け継いだ巨額の遺産を一心不乱に浪費する——。まさにそんな一生だった。

第49位

ケチも積もれば1億ドル

ヘティ・グリーン　Hetty Green　1834-1916

服装も食事もケチに徹した

金持ちなのにケチなのか、ケチだから金持ちなのか。

大富豪と呼ばれる人たちのなかには、湯水のように金を使う者もいれば、心配性すぎるほどに節約する者もいる。自宅に公衆電話を引いてまで来客から電話料金を徴集しようとした石油王のジャン・ポール・ゲッティ（第19位参照）は、ケチな富豪の代名詞的存在である。

しかし、ヘティ・グリーンは、ゲッティと比較にならないほどケチだった。屈指の大富豪にもかかわらず、徹底した節約ぶりは不気味なほどで、人は彼女を「ウォール街の魔女」と呼んだ。

ヘティのもとに大金が転がり込んできたのは1865年、彼女が30歳のとき。父親が死んだことで、遺産として500万ドル、現在の価値にして約1900億円を手にすることになった。生活していくには十分な資産だ。2年後に億万長者の男性と結婚するが、金遣いが荒かったため、別居の道を早々と選んでいる。ヘティは遺産をもとに、株や債権・不動産に投資し、金融業者に資金を融通したりもしながら、資産をさらに増やしていく。

うなるほど金があったヘティだが、彼女は贅沢をするどころか、20年間にわたって同じ黒いドレスを着用。ドレスの下には、男物の下着を付けて、さらに保温のために新聞紙を詰め込んでいたというから、オシャレどころの話ではない。手袋は破けて指が飛び出し、マフラーも20年以上前のものを使い続けた。長靴を履いていたのも、耐久性を第一に考えたからである。

住居はマンハッタン、ブルックリン、ニュージャージーと転々としたが、いずれも安宿で週5ドル以下に必ず抑えた。名だたる大富豪が豪邸を築いているのとは大違いだ。ただし、セキュリティだけには気を付けて、不審者がドアを開けると、ドアノブに引っかけられた紐で銃が火を吹く仕掛けを作っていた。

もちろん、美食にこだわることもなかった。安いレストランのなかの安いメニューを選ぶのが、ヘティの習慣である。ボストンの薄汚い食堂がお気に入りだったという。

読み終えた新聞すらも、ヘティの手にかかれば金のもとになる。といっても、廃品回収に出すわけではない。息子に渡して、街で売ってくるように指示していた。

ヘティ・グリーン

そうした地道な努力の結果、ヘティの死後、遺産は約1億ドル（約1兆円）にも上った。息子と娘がそれぞれ約1000万ドルずつ受け取り、残りは親戚間で分配されている。

だが、驚くべきことに、子どもたちは、その遺産をすぐさま使い果たしたという。母親とはまるで違う浪費ぶりだが、実のところ、二人とも母のケチぶりにうんざりしていた。

それもそのはず、息子のエドワードがそり遊びで足に怪我を負ったときも、ヘティは治療代をケチって、足に砂をかけておくことですませようとした。そうこうしているうちに壊疽《えそ》が進み、エドワードは足を切断。そんなことまでして貯めた親のお金がうれしいはずがない。子どもたちの浪費ぶりを、空の上からヘティは歯軋りする思いで見つめていたことだろう。

COLUMN 5

正しくケチって富豪になろう

　資産を増やすためには、当然、収入を増やさなければならないが、一方で、支出を減らすという発想もある。

　いわゆる「ケチ」になるということだが、大富豪と呼ばれるような人のなかにも、ケチな人はいる。本編で紹介した石油王のジャン・ポール・ゲッティや、ウォール街の魔女、ヘティ・グリーンはその典型例と言えるだろう。

　本書にある富豪たちの破天荒なエピソードを読んでもわかるように、大金を稼げる人ほど、堕落したときの反動が大きい。

　江戸のベストセラー作家・井原西鶴は『日本永代蔵』で「毒絶ちの教え」として、財産を食いつぶさないための16カ条を挙げている。いくつか紹介しよう。

「美食・好色におぼれたり、絹物を普段着として着たりしてはならぬ」

「息子に種々の鼓・太鼓などの囃芸を習わせてはならぬ」

「花見・舟遊びにいったり、昼日中から風呂に入ったりしてはならぬ」

「夜歩き・博打・碁・双六をしてはならぬ」

「食事ごとに飲酒することはもちろんのこと、タバコを吸ったり、目的もなしに京へいったりしてはならぬ」

「家業に関係もないのに小細工品や刀の目貫を工芸品として蒐集してはならぬ」

「月の利息が八厘より高い借金をしてはならぬ」

　江戸時代ならではの条文もあれば、現代にも通じるものもあるが、この「毒絶ちの教え」の実践を推奨しているのが、大阪マルビルのオーナーで、日本有数の資産家として知られる、吉本晴彦である。「大日本どケチ教」の教祖を名乗った吉本は、次の教えを説いた（ちなみに、ケチということで誤解されやすいが、お笑いの吉本興業のオーナーではない）。

「ケチの目的を持つ」

「いっさいの見栄を捨てる」

「生き金を使い、死に金を使わない」

「他人に迷惑をかけない」

「常にユーモアの精神を持つ」

　直接、蓄財に関係のなさそうな教えもあるが、日々をどう生きるかの積み重ねが、資産を形成していく。それも、ただ節約すればよいわけではなく、貯めることへの目的意識を持って、「生き金」ならば思い切って使うことも大切だと吉本は言う。

　浪費しがちな己を引き締めたいときは、吉本が好んだ渋沢栄一の次の言葉を反芻するとよいだろう。

「名を成すは常に窮苦の日にあり、敗事の多くは得意のときによる」

第48位

体重と同じ重さの金塊をプレゼント

アーガー・ハーン3世　Soltân Mohammad Shâh al-Hoseynî Âqâ Khân III 1877-1957

もっと太ることを使徒から望まれた

イスラム教シーア派の一派であるイスマーイール派。その精神的指導者、カリフとしてアーガー・ハーン3世は、イスマーイール派の人々から、高く支持されていた。なぜならば、彼は慈善団体や貧しい人々に気前よく金を分け与えたからだ。

彼はそれができるだけの資産を誇っていた。世界各地に散らばるイスマーイール派の使徒たちから収められた税金が代々蓄積され、アーガー・ハーン3世はそれを引き継いだ。それでいて、ほかの国王のように維持すべき国家はないため、財政状態を鑑みることなく、アーガー・ハーン3世は人民に施すことができたのである。

1957年に撮影されたアーガー・ハーン3世
Ullstein bild／アフロ

1200万人の使徒が楽しみにしていたのが、アーガー・ハーン3世の体重計量の儀式だ。それは人民の前で公開で行われるショーで、カリフの体重と同じだけの重さの金塊やダイヤモンドを、忠実な使徒がカリフに献上するというもの。

カリフが豊かになる儀式をなぜみなが待ち望むかというと、アーガー・ハーン3世はそれを慈善事業に寄付したからだ。これは、カリフ代々に伝わるならわしであったが、アーガー・ハーン3世は巨漢だったため、集まる金塊やダイヤモンドも大量だったようだ。

アーガー・ハーン3世が肘掛け椅子にどっぷりと腰をかけ、体重計の目盛りが増えるのを、使徒たちが固唾を呑んで見守っている風景を想像すると、なんともシュールでおもしろい。貧しい人や病人のなかには「もう少しカリフを太らしてほしい」と、アラーにお祈りする者までいたといわれている。

また、アーガー・ハーン3世は、プライベートでヨーロッパ諸国を驚かせたこともある。南フランス出身で下層階級出の38歳の女性、イヴェット・ラブルースと結婚したからだ。市外電車の運転手の娘が、大富豪に見初められたとなれば、話題にならないほうがおかしい。しかも、ラブルースは年齢こそ40歳に近かったが、もとは著名なファッションモデルであり、その美貌に大富豪ハーンのほうが心をつかまれた。アーガー・ハーン3世にとっては数回目の結婚だったが、結果的に彼女が最後の妻となった。

後継者の孫は島に豪華なリゾートを

公私ともに順調そのものだったアーガー・ハーン3世。悩まされたのが、息子のアリ・ハーンである。アリ・ハーンは信仰にも政治にも無関心で、競馬と社交界をこよなく愛した。競馬についてはハーン自身も競走馬を持つほどのファンなので言えないにしても、多くの使徒の上に立つ後継者としては不足しているところが多すぎた。

アーガー・ハーン3世は息子ではなく、孫のカリムを後継者に指名して、1957年に死去。霊廟は、エジプトのアスワンに作られた。一般公開はされていないものの、ナイル川から壮麗な霊廟を眺めることができるだろう。

アーガー・ハーン3世の死去によって、弱冠20歳のカリムが受継いだ財産は、約8億円にも上った。

カリムはサルディニア島に海岸沿いに、5万ヘクタールもの土地を手に入れて、そこに富豪専用の豪華絢爛なリゾートを港町ポルト・チェルヴォに建設。これをきっかけにポルト・チェルヴォには、次々と富豪が訪れることになった。第10位で取り上げた、海運王オナシスもその一人だ。そのほかにもロシアの石油王ロマン・アブラモヴィッチや、ウズベキスタンの鉄鋼王アリシャー・ウズマノフ、サウジアラビアの元石油相のアハマド・ザキ・ヤマニ（第84位参照）などが訪れ、今でも世界中からお金持ちが集まっている。

第47位

160億円を社員に大還元

ブシコー夫人　Marguerite Boucicaut　1816-1887

勤務年数に応じて社員たちへ最後の恩返し

「金持ちのまま死ぬのは恥だ」と言ったのは鉄鋼王のカーネギーだが、築いた財産をどう使うかによって、富豪の個性がにじみ出るというものだ。夫とともに世界初のデパート「ボン・マルシェ」を開業して成功したフランスのブシコー夫人の場合は、自分の財産について、実に太っ腹な遺言を遺した。

それは、元店員と店員全員に対して、総計1600万フラン(約1600億円)を遺贈するというもの。勤務年数に応じて1000万円から1000万円が配布されたというから、社員にとってはうれしいボーナスになったに違いない。

待遇の悪いブラック企業は見倣ってほしいものだが、実はボン・マルシェの離職率は高く、例えば1873年に入社した400人の店員のうち、39%が5年以内に解雇された。それ以外に、43%が自発的に退職していることを思うと、ほとんどが辞めてしまっていることになる。

それもそのはず、ボン・マルシェでは、身だしなみはもちろんのこと、完璧な商品知識を身に付けることなど接客マニュアルが徹底しており、それをマスターしなければ、冷淡なまでに即座に解雇された。従業員を監視する監査官のもとチェックされ、人事から「会計に行くように」と言われたならば、それは解雇を意味しており、店員たちは戦々恐々として働いていたという。それを考えると、遺産による厚遇は、そのように厳しく扱ってきた店員たちへのねぎらいといったところだろうか。

ちなみにそれ以外の残りの遺産はパリ市民生委員会に寄付し、養老院や病院、施療産院などの建設にあてるように、言い遺されていた。実際に、コンヴァンシオン街には、遺産の800万フラン(80億円)を使って建てられたブシコー病院がある。

今の百貨店のスタンダードを作った

それにしても、ボン・マルシェはなぜそこまでの資産を残すほど成功できたのだろうか。

ブシコー夫人が、夫のアリスティッド・ブシコーとともに、パリで小売店「ボン・マルシェ」を開業したのは、1852年のこと。夫は町の帽子屋の息子で、18歳のときから流行品を扱う店で17年間の修業を積んでいた。1835年に結婚してから、夫妻は二人三脚で店を急成長させた。

ブシコー夫妻は、多種類の商品を大量に売るビジネスモデルを確立させながら、バーゲンセールによる大売出しや、見る者を魅了するウインドー・ディスプレイなどを考案。1869年には、新館を建てて、トイレと洗面所に明るく広々としたスペースを取ったことで話題になった。今でこそ当たり前だが、当時はデパートだけではなく公共施設やオペラ座でさえも、トイレは隠すかのように小さく清潔感のないものが多かったため、ゆったりとして綺麗なトイレは女性客を中心に支持された。さらに、演奏会や無料ビュッフェなどで集客に成功し、世界最大のデパートとして名を馳せていく。

しかし、1877年にブシコーが没すると、2年後には一人息子までもが死去。後を継いだブシコー夫人は株式合資会社の代

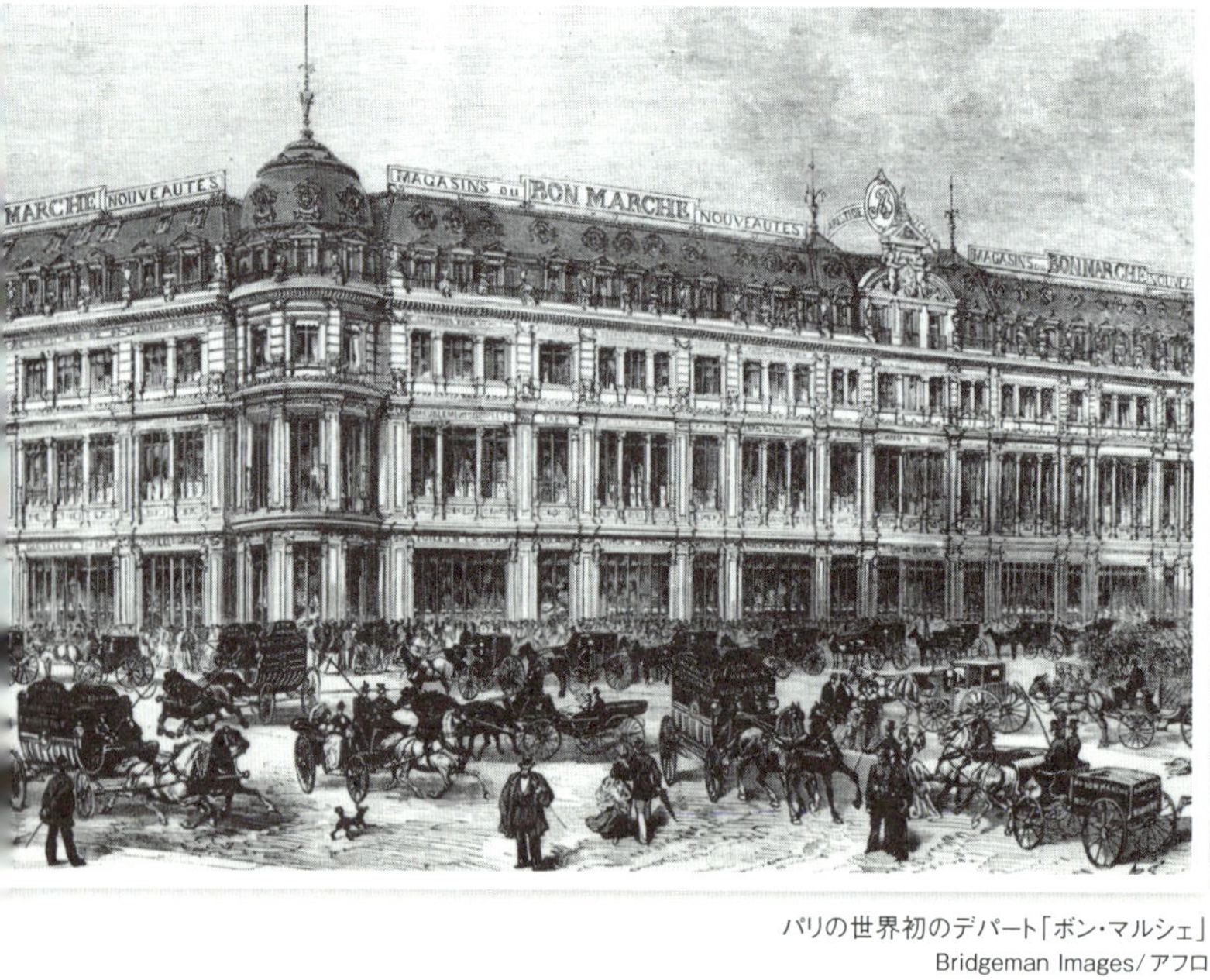

パリの世界初のデパート「ボン・マルシェ」
Bridgeman Images/アフロ

表となり、400株（200億円）のうち150株を無償で社員に譲渡している。

そして、夫の死去から10年後の1887年。ブシコー夫人は冒頭の遺言を遺してこの世を去る。その葬儀には、実に2万人もの参加者が訪れた。

第46位

浪速の公共事業王

鴻池家　新六（直文）／宗利　［しんろく（なおふみ）］　1570-1651／［むねとし］　1667-1736

酒造業から海運業、そして金融業へ

「日本の富の七分は大阪にあり、大阪の富の八分は今橋にあり」

1854（嘉永7）年、鴻池《こうのいけ》家が長者番付で最高位となると、そんな言葉が聞こえてくるようにさえなった。今橋とは、鴻池家が両替店を移転した地のこと。そこで、鴻池家は、尾州、紀州以下32藩にも及ぶ大名と取引して、莫大な利益を上げた。

もともと鴻池家は、酒造業と海運業で財を成していた。始祖の新六は、武士から商人へと転身し、伊丹地方で酒造業をスタート。酒といえばもっぱら濁り酒だった当時において、新六が「清酒」を初めて発見したとする文献が残っている。

高い評判を受けて、樽酒を江戸に運んで販売していた新六だったが、そのうち陸上輸送から船による海上輸送を行うようになった。それをきっかけに鴻池家は海運業へと乗り出し、参勤交代時には江戸と国元を結ぶ輸送ラインとして重宝されるようになる。

そこから金融業へとさらに事業を拡張し、三代目の宗利の代で、町人への貸し出しだけではなく、「大名貸し」を積極的に行って利息を稼いだ。とはいえ、ただ儲かる事業ならば、誰もが成功するはず。町人と比べると、大名からはすんなり回収できないことも多く、大名貸しに手を出したばかりに、倒産する両替店もあったくらいだった。

そんななか、宗利は大名との関係性をうまく保ち、積極的な商い活動を展開できた。その理由として、宗利が富豪の身でありながら、一家一門に対して、酒や芸に溺れることを固く禁じるなど、極めて真面目な性格だったことが挙げられるだろう。慎重かつ堅実な宗利にとって、金融業は性に合った事業だったのではないだろうか。

この大名貸しを足がかりに両替商となると、冒頭で紹介したように、鴻池家は江戸時代有数の豪商として、名を馳せることとなった。

大規模な水田開発を行った

贅沢に溺れない富豪は、公共事業への参加や寄付活動に注力するものだ。宗利の場合は、河内若江郡を開墾して、280町歩余りにも及ぶ「鴻池新田」の開発を行っている。

1707（宝永4）年に開墾を始めて、3年かけて良田とすると、もともと不毛の地だった場所に、120戸と男女750名が移住してきた。その結果、周囲の開発も進み、30あまりの水田が生まれることになった。

だが、鴻池家を盛り立てた大名との取引が、明治維新後は仇となる。廃藩置県によって町人より大名への貸付が帳消しとされてしまったからだ。このときすでに取引のある藩は76にも及んでおり、鴻池家は大きな損失をこうむった。

それでも、1897（明治30）年には個人銀行の鴻池銀行を興して、それが1933（昭和8）年には、山口銀行、三十四銀行と合併することで三和銀行となり、さらに東海銀行と合併しUFJ銀行に、そして東京三菱銀行に吸収合併され、現在は三菱東京UFJ銀行となっている。

第二次世界大戦後の財閥解体や農地改革でも大きなダメージを受けた鴻池家。時代を味方につけて一大財閥を築いたが、時代に翻弄されて衰退し、2007年に鴻池男爵家本邸（大阪芸術倶楽部）が解体されている。

第45位

オペラ歌手に一目惚れしたあげく

ジョン・クリスティ　John Christie　1882-1962

大富豪は女性へのプレゼントも桁違い

大富豪となると、女性の贈り物もスケールが大きいものになる。

新聞王のウィリアム・ランドルフ・ハーストの場合は、第18位に書いた通り、50代で18歳の踊り子と恋に落ちて、彼女を大女優にするために、映画会社まで作って売り出していった。その後も豪邸を買い与えたりとにかく豪快なのだが、どれだけ大事にしても「愛人を囲っている」という後ろめたいイメージからは逃れられない。

富豪による妻へのプレゼントという意味では、やはりアルヴァ・ヴァンダービルト夫人の夫、ウィリアム・キッサム・ヴァンダービルトの名が挙がるだろう。50万ドルかけたヨットをプレゼントしたことは第20位で書いたが、アルヴァが35歳の誕生日を迎えると、今度は別荘「マーブルハウス」をプレゼントしている。

マーブルハウスは4本のコリント式の柱に支えられた白い大理石の邸宅で、外観の費用だけで２００万ドル。さらに、金・金箔・ブロンズには竜や花輪模様、ニンフなどが彫られ、そのまばゆさは宮殿さながらであり、ウィリアムはさらに９００万ドルを支払って、合計１１００万（現在の価値で２８６０億円）ドルが費やされた。その後、二人は離婚しているが、妻の機嫌を損ねるのを怖れた一人の夫のため息が聞こえてきそうだ。

しかし、愛する女性のために、もっとスマートに大盤振る舞いをした、ジョン・クリスティのような富豪もいることを書いておきたい。

伝統的な音楽祭は貴族の恋から始まった

イギリス南部のイースト・サセックス州の田園地帯で毎年開催されているグラインドボーン音楽祭は、80年の伝統を持つ、ユニークなオペラ・フェスティバルとして日本でも知られている。

必ずモーツァルトのオペラを演奏するのがその特徴のひとつだが、その形式もほかのオペラ祭とは違っている。会場は貴族の邸宅で、観客は全員正装しなければならない。そして、講演前やたっぷり1時間以上ある休憩中には、庭園の芝生でピクニックをしたり、レストランで夕食をとったりもできる。英国セレブ気分を味わうのに、格好の音楽祭と言えるだろう。

グラインドボーン・ハウスと庭園　Photononstop／アフロ

この音楽祭のルーツを探れば、一人の資産家と妻との熱い恋に、邂逅《かいこう》することになる。資産家の名は、ジョン・クリスティ。48歳のとき、邸宅のオルガン・ルームに音楽家たちを集めて、ささやかなオペラコンサートを計画していた。そのとき、ジョンはソプラノ歌手オードリー・ミルドメイを一目見て、強烈な恋に落ちることになる。

二人はやがて夫婦になるが、その愛の証として、ジョンは1934年、広大な土地の一角に、彼女専用のオペラ劇場を建てて、プレゼントしている。座席数は約300席と小さな劇場だったが、そこで毎年オペラ・フェスティバルを開いたことが、グラインドボーン音楽祭の始まりとなった。

音楽祭は改装工事が行われた1933年を除いて毎年開かれており、今でもクリスティ家の代表者が主催を務める。

富豪のひたむきな愛は、時代を超えて永遠に……。

第44位 みかん王は畳フェチ!?

紀伊國屋文左衛門［きのくにや・ぶんざえもん］　1669?-1734?

本書の読者のなかには「自分も富豪になりたい」という野心をお持ちの方もいるかもしれない。生まれが裕福である場合を除いて、成り上がりの富豪に多い特徴は「時勢を読むのに長けている」ということではないだろうか。海運王オナシス、鉄鋼王カーネギー、鉄道王ヴァンダービルト、始皇帝を見出した呂不韋……。これから盛り上がるであろう事業や人に目を付けて、周囲に先んじることで、大金をつかんだというケースが実に多いのだ。

江戸の豪商、紀伊國屋文左衛門は、紀州の「有田みかん」に目を付けたことが、人生の転機となった。きっかけとなった人物は、徳川家康の十男で、後に「御三家」と呼ばれる紀州徳川家の祖である徳川頼宣《よりのぶ》だ。頼宣が紀州のみかんを気に入って、みかん栽培を推奨。江戸にも需要があるに違いないと、1634（寛永11）年、紀州から江戸へ400籠《か》篭《ご》のみかんを送ると、これが大変な人気を呼ぶ。需要は年々高まって、1687（貞享4）年には、実に10万あまりのみかん籠篭が江戸へと輸送されることになった。

そんな状況のなか、流行のみかんに飛びつく側ではなく、流行のみかんでひと稼ぎする側に回ろうと、紀伊國屋文左衛門は知恵をひねり出した。それだけの需要がありながら、紀州と江戸間を結ぶ船便が、必ずしもみかんの出回り時期にいつも間に合っているわけではない。ならば、ほかの船に先んじて江戸まで着くことができれば、相場より高い値段であっても、こぞってみかんを買い求めるはず。江戸っ子の気の短さを見込んだうえでの作戦だった。

しかし、当時は航海術も未熟であり、紀州から江戸までの海のルートは簡単なものではない。痛みやすいみかんを大量に積んで、航海に失敗すれば、大儲けどころか大損害である。

それでも、問屋の取引実績もない紀伊國屋文左衛門が割り込んでいくには、スピードで勝るしか方法はない。文左衛門は、この思い付きを実行に移して、なんとか江戸に辿り着く。ヘトヘトだったに違いないが、そこからが商売である。弁舌を振るいながら、一足早いみかんを売りに売った。苦労の甲斐があって、文左衛門は大きな富を築くことに成功する。

これだけでも十分な財を築いたが、大富豪はひとつの事業からまた別の事業を展開させることが多く、文左衛門も例外ではなかった。

まずは、時の将軍・徳川綱吉が積極的に寺院を建造している状況に目を付けた。さらに、江戸に多かった火事で大名の屋敷が次々と焼けていく様を見て、文左衛門は材木屋へと転身する決意を固める。すると、これもまた大当たりで建築ブームに乗ることに見事に成功。幕府要人を接待しては、工事を落札して、文左衛門は巨万の富を手に入れた。

豪商らしく毎晩のように吉原を豪遊した文左衛門。おもしろいのは、来客のために毎日畳を変えて、そのために畳の職人を1日に20人も雇っていたことだ。商いは人と会うもの。だからこそ、その費用を惜しまなかったのだろう。

大名相手にも対等に渡り合った文左衛門の、商人としての矜持《きょうじ》を感じられる畳へのこだわりであった。

第43位

ロッカーは金遣いもチャンピオン

フレディ・マーキュリー　Freddie Mercury　1946-1991

10億円の邸宅の庭には鯉が90匹

「伝説のチャンピオン」「ウィ・ウィル・ロック・ユー」などの曲は誰もが耳にしたことあるだろう。大ヒット曲を連発したロックバンド「クイーン」の人気は、国境を軽々と越えて、世界各国でツアーを行っては、各地の動員記録を次々と塗り替えていった。

そのボーカルを務めたフレディ・マーキュリーは、ステージさながらの豪快さを私生活でも炸裂させた。

ロンドンのケンジントンにある豪邸「ガーデンロッジ」は、元の持ち主から10億円（推定）で購入し、4年間の年月をかけてリフォーム。大理石で作ったバスルームは4つ。ベッドルームにいたっては8つもあり、いったい何人が遊びに来るんだと言いたくなるが、そのうちのひとつは6人が寝られるキングサイズのベッドで、天井には何百というライトが備え付けられていた。なんだか落ち着かなさそうだ。

さらに、バルコニーの円柱はロマネスク調でありながら、庭は日本風で、15メートルある池に匹数十万円する鯉を90匹泳がせていた。日本の美術品や骨董品を買うために来日して25万ポンド、約6300万円の買いものをして帰国したというエピソードもある。フレディは親日派だったのだ。

一方で、ゴヤやシャガールの作品などのコレクションもあり、アートには200万ポンド（約5億円）以上費やしたともいわれている。

シャンパン代だけで750万円

「贅沢は僕の美学さ」

フレディの名言だが、35歳の誕生日パーティでは、そんな美学がいかんなく発揮された。

全米ツアー中だったが、そんなことはお構いなく、友人たちに航空チケットを手配して呼び寄せた。最高級ホテルのバークシャーホテルのスイートルームを貸し切ると、大宴会は5日間にもわたって行われた。

結局、使われた総額は約8000万円にも及んだというからあまりにもロックだ。シャンパン代だけで750万円と、一般会社員の年収以上の額を、誕生日パーティの酒代に費やしたのである。

41歳の誕生日のときには、スペインにあるイビサ島のホテルにまで友人たちをチャーターして、パーティを開催。バースデー・ケーキの高さは約6メートルで、花火まで打ち上げられている。

ほかのパーティでは、トップレスのウェイトレスたちにシャンパンを注がせることもあるなど、とにかくお祭り騒ぎが好きだったようだ。職業上、エンターテイナーとしての血が騒ぐのかもしれない。

それにしても、これが経営者ならば眉をひそめられるような行為も、ロックバンドのボーカルならば、とがめられるどころか、かえって箔が付く。

名曲とともに、フレディの散財ぶりも後世に残せば、人生はいくらでも楽しめるというメッセージを伝えることができるだろう。

第42位

独裁者のセクハラ祭

マコセティブ・ムスワティ3世　Makhosetive Mswati III　1968-

アフリカ南部に位置するスワジランドという国をご存じだろうか。人口約100万人で農業を主な産業にしているものの、国民の実に3分の1が貧困に苦しめられ、世界最貧国のひとつとされている。

だが、HIVの感染率が世界一で失業率は40％に上るこの国でも、大富豪として豊かな生活をしている人物がいる。1986年、18歳で即位してから司法、立法、行政の全権を掌握する、第8代国王のマコセティブ・ムスワティ3世である。

国王は、国民の貧困など目に入らぬがごとく、贅沢三昧の暮らしを存分に楽しんでいる。車は冷蔵庫まで備え付けられている高級車で4000万円。さらに議会の反対を押し切り、約37億円をかけて自家用飛行機まで購入。なぜ、それだけの金が使えるかといえば、もともとの資産に加えて、国家予算の2・5％にあたる25億円を毎年、自分のものにしているからだ。

厄介なのは、自分のためだけではなく、14人にも及ぶ王妃たちにも浪費をさせていることだ。王妃たちにはベンツやBMWを運転手付きで買い与え、豪華な宮殿までプレゼント。2008年には独立40年と自身の40歳を祝う盛大な式典を開いたが、その準備として8人と王妃とドバイまで出かけて、総額3億円にも及ぶショッピングに興じている。この金で何人の国民を餓えから救うことができるだろうか。むろん、この男にそんな思考は1ミリたりともないようだ。

しかし、そんな貧困国にも祭りはある。「リードダンス」は、首都ムババーネ郊外の宮殿で開催される毎年恒例のダンス儀式。ここで国民たちが普段抑圧されたストレスを解放させる……のかと思えば、さにあらず。この儀式もまた、国王に捧げるものであり、最終日には、7万人にも及ぶ処女が各地から集まってダンスを踊る。

2008年8月31日、スワジランドで行われた「リードダンス」でのマコセティブ・ムスワティ3世　ロイター／アフロ

国王はそれを眺めながら、気に入った女性がいれば自分の王妃へと取り立てるというから、下衆の極みとはこのことだろう。実際に国王は14人の王妃と20人以上の子どもをもうけているが、未成年時にこの祭りで気に入られて王妃になった女性もいる。

だが、参加する女性からすれば、極貧生活からスーパーリッチな生活へステップアップする唯一の手段であり、嫌々参加しているというわけでもなさそうだ。最年少の参加が6歳という異常さはさておき、国際ニュースのAFPBB Newsは2008年の祭りを報道して、次のような参加者のコメントを得ている。

「王様に選ばれることは、至上の幸せ。私もいつか宮殿のひとつをあてがわれたいものだわ」

ムスワティ3世の資産は約165億円ともいわれ、『フォーブス』誌が2010年に発表した「世界で最も裕福な王族15人のランキング」では15位にランクイン。その一方で、国民の7割が1日1ドル（約

102円）以下で暮らしていることを思うと、もはやパラレルワールドである。
2011年には、国王の退任を求める1万人規模のデモが行われているが、遅すぎるくらいだろう。貧しい国民を踏みにじる独裁者による豪遊は、ほかの富豪のエピソードとは一線を画している。

第41位

お金で買えるよ！名家の血筋

シモン・パティニョ　imón Iturri Patiño　1860-1947

パパは成り上がりスズ王

インドでは、「娘が3人いれば、マハラジャでも倒産する」と言われているのをご存知だろうか。結婚時に花嫁が花婿へ持参金や貴金属類、宝石などを贈る「ダウリー」という習慣があるからだ。花嫁側の経済状況を圧迫するため、1961年に「ダウリー禁止法」が施行されたが、実情は全く守られていない。それどころか、持参金が少ない妻を殺すなど、殺人事件に発展するケースまで出てきている。

深刻な社会問題だが、ボリビアのシモン・パティニョくらいの資産家には、永遠に理解できないだろう。「アンデスのロックフェラー」「スズ王」などと呼ばれるパティニョは、ボリビアのスズ鉱山の4割を所有することで、莫大な富を手中に収めた。1925年の時点で、約5億ドル（現在の価値にして6兆2560億円）の資産があったと推定されている。

1973年には、メキシコに億万長者向けのリゾートを開発。300人の富豪たちをもてなすため、週末に2億5000万ドルも費やすこともあった。その贅沢ぶりを記者にとがめられると、パティニョはこううそぶいたという。

「億万長者の余暇に、決してやりすぎはないことを知ってもらいたいね」

そんなパティニョが、二人の娘の結婚のために持たせた持参金は、それぞれ4000万フラン。日本円にして約774億円というから、結婚というよりも合併事業のようである。

その甲斐あって、娘の一人はフランスの伯爵、もう一人はスペイン大公の称号を持つ侯爵と結婚が決まった。億単位の持参金パワーはあなどれない。

ちなみに、息子のアンテノールは、スペイン王室から妻を貰ったが、やがて不仲に。アンテノールが妻に年間支払っていた扶養手当は40万ドルにも及んだが、妻の要求はエスカレートするばかり。贅沢好きという意味ではアンテノールも同じで、そんな二人で結婚生活が成り立つわけもなく、18年に及ぶ泥沼の離婚裁判に足をとられることになる。

どれだけ資産を子どもたちに残しても、幸せになれるかは本人たち次第。いや、財産があだになることすらもあるのだ。

ほしかったのは名家の血筋

パティニョと息子のアンテノールは気前よくパリの国立博物館やヴェルサイユ宮殿に寄付しては、フランス国民を喜ばせた。しかし、母国ボリビアにはうって変わって冷淡で、教育のために図書館や学校を作ることもなければ、病に苦しむ人のために医療機関を作ることもなかった。弱い立場の人を支援するどころか、鉱山で働く2万人の作業員たちを最低賃金で容赦なく働かせた。

幼少時代から極貧に育ったパティニョにとっては、母国こそが自分に冷たくしてきたという思いがあったのかもしれない。家庭を養う立場になっても、病弱な妻を抱えた身で食料品店を解雇され、途方に暮れたこともあった。手元に残ったのは、客からもらった鉱山採掘権の証書1枚のみ。半ばヤケクソ気味に採掘した荒地から鉱石が出るまで、パティニョの人生は散々だったのだ。

富を得たパティニョが熱望したのは、ヨーロッパの名家出身という家柄だ。もちろん、そんな事実はないのだが、パティニョは系図学者にこう言った。

「どこかの王族の子孫だと思うのだよ。そういう言い伝えが家に残っているからね」

後日、系図学者が持ってきた華麗な家計図を見て、パティニョは大満足したという。そこに連ねられていた人名は架空だったが、自分を騙すには、それで十分だったのだろう。

第40位 革命家にポンと渡した20億円！

鈴木久五郎［すずき・きゅうごろう］1877-1943

芸者遊びに入れ込んだ成金

将棋では、「歩」が敵の陣地に入ると、いきなり金に「成る」ことができる。そのことから、短期間で成り上がった富豪のことを「成金」と呼ぶ。日露戦争後、株取引などで儲けた人を指して、そう言ったのが始まりともいわれている。

銀行を経営していた鈴木久五郎は、成金の代表的な存在である。日露戦争で株価が動くと見れば、すぐさま行動に移した。日糖株、鐘紡株、東京株式取引所の株を大量に購入したのである。

そして、読み通り日本がロシアに勝った……ところまではよかったが、賠償金なしというポーツマス講和条約の中身がわかれば、たちまち暴落。鈴木は約40億円の負債を背負うことになる。それでも鈴木はいずれ株が上がると信じて、買いの方針を貫く。

すると、ロシアが日本に敗れたことで、中国への商圏拡大がしやすくなったため、再び株価はアップ。鈴木は500万円、今でいえば、500億円あまりの財を手中に収めた。

しかし、世界の富豪に比べて、日本の成金というのは、どうにもやることがくだらない。鈴木は芸者遊びに入れ込んで、池の底に金貨を沈めては、着物を濡らしながらそれを取る芸者の姿を楽しんだり、丸裸にした芸者に配膳させたり、五円金貨入りの汁粉を飲ませたりしては悦に入った。

鈴木の遊びに付き合ったのは、新橋、柳橋、赤坂などにいる専用の芸妓たち。十八金の止め金具がついた足袋を芸者たちに配ったこともあった。

それでもまだ金をもてあました鈴木は、池いっぱいにビールを注いだり、破れている障子ふすまを10万円で補強したりしたというから、もはや贅沢を超えて馬鹿馬鹿しさしかない。

成金・鈴木は料亭ごと買い切って、馴染み芸者を数十人招いては、そんなお遊びに興じていたのである。

孫文にお願いした、たったひとつのこと

しかし、そんな鈴木が、世界史を変えたキーパーソンに投資していたのは、意外な事実と言えるだろう。

大物政治家とも親しかった鈴木は、ある日、犬養毅から「鈴木君、ぜひ会ってもらいたい人物がいる」と言われて、亀島町の別宅で、辛亥革命の立役者として知られる孫文と一緒に食事をすることになった。

祖国を亡命中だった孫文の革命運動について、

鈴木はまるで知らなかったが、取り寄せた中華料理をともに食べて話しているうちに、「ひょっとするとこの男なら革命を成功させるかもしれない」という思いを抱く。とりわけ孫文が、

「革命もやはり一種の投機ですから、あなたが投機をやる気持ちはよくわかります」

と言って、日中貿易の将来性を語ったところに魅力を感じた。

「私にひとつ力を貸してくださらぬか」

孫文にそう切り出されると、鈴木は目の前で10万円の小切手を書いて渡した。現在でいえば、実に20億円もの金額である。芸者に浪費する一方で、大真面目な革命運動に資金提供していたというのが、なんともおもしろい。孫文が大喜びで帰ったのも当然だろう。

そんな鈴木の力添えもあってか、1913(大正2)年に再び邂逅したとき、孫文は中華民国臨時大統領になっていた。民間商船「春日丸」を借り切って国賓として来日した孫文から「ぜひ会いたい」という申し出があって、実現した再会であった。

しかし、鈴木のほうはいうと、明治末期の不況によってすでに没落していた。成金から一転して、電気やガスを止められるような貧苦にあえいでいたのである。それにもかかわらず、「昔、ご恩になった御礼がしたいのですが」という孫文に対して、鈴木は金のことは口にせず、こう言った。

「もうすぐ、子どもが生まれます。生まれる子が男にせよ女にせよ、あなたの名を一字いただきたい」

成金としての最後の意地だろうか。孫文が快諾したため、まもなく久五郎のもとに生まれた女の子には「文子」という名が付けられた。30歳で地に落ちた鈴木は、その後は文子ら家族とともに貧窮時代を過ごしながら、65歳まで生きている。

第39位

俺の展覧会に17万人

大倉喜七郎［おおくら・きしちろう］ 1882-1963

日本美術展覧会のスポンサーとなった

1930（昭和5）年、4月26日から6月1日にかけて、ローマのパラッツオ・ナッツィオナーレ・デッラ・エスポジッツィオーネにおいて、日本美術展覧会が開催された。現地では「大倉氏によって開催された日本美術展覧会」と題打たれたことからもわかるように、費用を全額負担したのは、大倉家の二代目、大倉喜七郎である。

橋本関雪《かんせつ》の「猿猴図」や前田青邨《せいそん》の「洞窟の頼朝」など、日本画壇を代表する80人による日本画が、約170点も展示された。国内でも実現が難しい豪華なラインナップによる展覧会を、大倉喜七郎はローマの地でやってのけた。

最も人気が高かったのが、横山大観による「夜桜」。現在、重要文化財の指定を受けている作品だが、これは喜七郎がこの展覧会のために依頼したもの。巨匠・横山大観が日本画界の主流へと転じたひとつのきっかけが、この展覧会だった。

そして、とりわけイタリア人の興味を引いたのが、巨大な床の間である。日本にある床の間をそのままローマで再現したらおもしろいだろう、そんな「床の間」プロジェクトのために、日本からローマに6名の建築士、2名の表具師、1名の華道の師範がわざわざ派遣されている。彼らが地元の職人たちに指示を出して床の間を作らせた。制作現場を設営した当時の映像を見ると、現場は和洋の職人が入り乱れたカオスなものになっている。

大倉財閥の財力があってこその豪華展覧会。4週間で17万人の観客が押し寄せた。開催前、喜七郎は東京朝日新聞で「展覧会は明年3月頃になるでしょうが、その頃は外人客がローマに殺到する時期で、そうした遊覧客に見てもらうこともひとつの目的です」と語っていたが、その目的は果たされた。

世界一のゴルファーの個人レッスン

やると決めたらとことんやる大倉喜七郎の気質は、趣味のゴルフでも発揮された。まだ当時は限られた金持ちのみの趣味だったゴルフにハマった喜七郎は休日となればラウンドを重ねて、夢中になった。

向上心も並外れたもので、自身のスイングをスローカメラに撮らせて、モーションを分析。ついには静岡県に川奈ゴルフ場をオープンさせた。

さらに、アメリカから世界ナンバーワンの呼び声が高いプロゴルファーのボビー・ジョーンズを呼んできて、ジョーンズに自分専用のレッスンフィルムを作ってもらったという。彼が帰国しても自分で練習できるように、フィルムには日本語の字幕を入れながら、クラブの軌道などもしっかりと解析。1930年代制作とは思えない映像作品に仕上がっている。

趣味も仕事も全力投球――。よく使われるフレーズだが、財力豊かな富豪となるとスケールが全く違ってくるようだ。

大倉喜七郎。ホテルオークラを創設したことでも知られる　近現代PL／アフロ

第38位

老富豪の最後のわがまま

大倉喜八郎［おおくら・きはちろう］　1837-1928

誕生日に叶えたかった富豪の夢

富豪の贅沢な誕生日をいくつか紹介してきたが、大倉財閥の創立者、大倉喜八郎は、1926（大正15）年7月、誕生日を目前にして、こんなことを言い出した。

「赤石岳《あかいしだけ》に上り、万歳三唱がしたい」

おめでたい日にぴったりのプランのようにも思えるが、このときすでに88歳。ただでさえ、標高3120メートルと、日本で7番目に高い赤石岳に挑戦するのには困難が伴う。それなのに、いつ寿命を迎えてもおかしくない年齢で長時間にわたって登山するのは、あまりにも無謀である。

しかし、いくら周囲が制止しても止めない意志の強さがあるからこそ、喜八郎はここまで成功したのだ。言うことなど聞くはずがなく、大正15年8月1日、晴天のなか、このチャレンジは実行に移された。

何かあっては一大事である。登山に同行したメンバーは、主治医、マッサージ師、食糧班、通信班、活動写真班など総勢500人にも及んだ。それ以前に、当日までの準備として、2000名もの人員が登山道の整備を行った。「勘弁してくれよ……」という作業現場のぼやきが聞こえてきそうだ。

全面バックアップを受けて、喜八郎は人力車で行けるところまで行き、いよいよ険しくなると籠に乗り換えて山頂を目指した。運ぶ人たちもさぞ疲れたことだろうが、喜八郎に申し訳ないという気持ちはそこまでなかったようだ。山頂に近づくと、またもや無理難題を言い出した。

「豆腐を食べたい」

無理です、と言って聞く相手でない。頂上の下の中腹まで呼ばれた豆腐屋は、持参した石臼で引いて、手作り豆腐を喜八郎に提供した。

出発から1週間後、背負子《しょいこ》に担がれて頂上へと着いた喜八郎。当初の目的の万歳三唱を果たして、満足そうにしていたという。

新潟県、大倉財閥創設者の大倉喜八郎
近現代PL/アフロ

このプロジェクトにかかった費用は、実に1億円以上。贅沢すぎる登山だが、それから2年後に亡くなったことを思えば、ぎりぎりのタイミングで夢を叶えたのは正解だったようだ。

喜八郎が一番ほしかったもの

金にものを言わせて夢を叶えた喜八郎だったが、実はある時期から、全財産を投げ打ってでも、手入れたいものがあった。

ある日、山下汽船を興した山下亀三郎が、借金を申し込むために、大倉の家を訪ねたときのことだ。事業に失敗して鉄道自殺まで図った山下からすれば、豪勢な喜八郎の暮らしは、憧れそのものであった。

喜八郎とはあまりにもかけ離れた自分の状態に、山下が思わずこうこぼした。

「俺も一生に一度、大倉さんのような生活がしたい」

すると、当時、72歳だった喜八郎の口から、意外な言葉が飛び出した。

「ほしければ私の全財産を君にあげよう。そのかわり、君からもらいたいものがある」

なんでも持っている喜八郎が、生きていくのが精一杯の山下からもらいたいものなど何ひとつなさそうだが、喜八郎は次のように続けた。

「君の年をもらえれば、俺のこれしきの財産など少しも惜しくはない」

このとき、山下は42歳。喜八郎からすれば、自分より30歳年下の山下には、まだまだ大きな可能性が広がっていると感じていた。

どれだけ成功して金を使っても、一番ほしい「時間」だけは買えない。だからこそ、喜八郎は90歳になっても、自分のやりたいことに正直であるスタンスを貫いた。

第37位 フレンドリーな酔いどれ貴族

第11代ノーフォーク公チャールズ・ハワード　Charles Howard　1746-1815

由緒正しいノーフォーク公家の異端児

イングランド南部のウェストサセックス州に位置するアランデル城。ヴィクトリア時代の面影を求めて、城下町とともにこの城を楽しむ観光客は、今でも多くいるようだ。

11世紀に建造されたアランデル城は代々ノーフォーク公の居城として、使われている。現在の当主は18代目のエドワード・フィッツアラン＝ハワード。１４８３年にジョン・ハワードが、ヨーク王家のリチャード3世から、王族以外では初めて爵位を授けられてから、その血脈が連綿と引き継がれてきている。

由緒正しい家柄につい上品な貴族の姿を想像しがちだが、これだけ続けばいろんな人物がいる。なかでも、11代公爵のチャールズ・ハワードは、なかなかパンチの効いた人物であった。

大酒飲みで大食漢の意外な一面

まず、とにかく酒を大量に飲む。ビール、ワイン、ブランデーとなんでもこいで、どんなメンバーと飲んでもチャールズは決してつぶれることなく、最後まで飲み続けていたという。

後にジョージ4世となる皇太子のジョージは、チャールズを気に入って、よく二人で酒を交わした。必ずジョージがつぶされるため、身体を心配したジョージの妻が、ハワードと飲むことを嫌ったとさえもいわれている。

ある日、皇太子のジョージはなんとかチャールズに酒で勝とうと、あえて相手に酒の席があるときを選び、終了後に飲むことを約束した。さすがに1軒目後の2軒目ならば、こちらが飲んでさえいなければ勝てるはずだ、と考えたのだが、甘かった。つぶされたのは、やはり皇太子のほうだった。

酒だけではなく、チャールズは大食漢でもあった。ビフテキならば3～4枚はぺろりと食べてしまうのが常だったという。

これだけでも名家の人物としては十分に規格外だが、チャールズはさらに不潔なことでも知られていた。風呂に入るのを嫌い、洗顔すらしない。とにかく水が嫌いで、いつも異臭を漂わせていた。

さらにケンカ好きだったというから、なるべくお近づきになりたくないと思うのが普通だ。しかし、使用人にも偉ぶることのなかった彼は、実は多くの人に好かれていた。

そのうえ、仕事をさせれば非常に有能だった。

ノーフォーク公チャールズ・ハワードのアランデル城　Prisma Bildagentur/アフロ

政治家しては奴隷制度に反対し、議会に改革を要求するなど積極的に働きかけた。

ただ、それがかえってジョージ3世の不興を買い、政治の仕事は取り上げられてしまう。

すると、チャールズは居城のアランデル城の改修へと乗り出して、現在の姿へと変身させた。周囲を驚かせたのが、チャールズが城を無料で一般人にも開放したことである。当時としては異例の試みだった。

さらに、開城のパーティを開くと、6000人以上が駆けつけてくれたという。もちろん、彼らしく来るもの拒まずで、いろんな人を紹介した結果だった。

粗野な性格で不潔でも、周囲に人が集まってくる――。それは、チャールズが卓越した人間力を持っていたからにほかならない。

華麗なる閨閥《けいばつ》

婚姻関係によって、政界、財界、皇室と結び付き、影響力を増大させていく――。そんな血のネットワークを張りめぐらせた閨閥が、社会を動かしているという側面は否定できない。それは日本の総理大臣を見てもよくわかる。

2009年、日本で歴史的な政権交代が起きたのもすっかり昔の話のように思えるが、このときに政権を争った自民党、民主党のそれぞれのトップが、麻生太郎と鳩山由紀夫。この二人はその血族から観ても、総理になるべくしてなったといえそうだ。

近代日本の礎を築いた大久保利通は、次男を親類の牧野家に養子に出した。次男は牧野伸顕《のぶあき》として、外交官から閣僚を歴任し、のちに内大臣となったが、その娘の雪子と婚姻関係を結んだのが、当時、外交官だった吉田茂である。

戦後の総理大臣として長期政権を築いた吉田茂は、もともと土佐の民権運動家で、後に衆議院議員となる竹内綱の五男として生まれたが、実業家の吉田健三のもとへ養子に出された。

そして吉田茂と妻の雪子との間に生まれた和子と婚姻関係を結んだのが、筑豊が誇る実業家、麻生太吉の孫であり、九州財界の中心人物でありながら、衆議院議員として政財界のパイプ役でもあった麻生太賀吉である。

さらに、この麻生太賀吉と吉田茂の娘である和子との間に生まれたのが、第92代内閣総理大臣を務めた麻生太郎だ。

麻生が2013年に公開した資産は4億7136万円。首相である安部晋三の1億798万円を上回って、最高額となった。

一方の鳩山由紀夫は、どんな家系に生まれたか。曽祖父にあたる鳩山和夫は、外務次官、衆議院議長を歴任して、後に早稲田大学となる東京専門学校の校長も務めた。鳩山和夫は、信州松本藩藩士の家に生まれた春子と結婚。春子は後に共立女子職業学校の創立に参加する。和夫と春子の間に生まれた息子が、第52・53・54代内閣総理大臣を務めた鳩山一郎である。鳩山一郎は、母の鳩山春子の姉である多賀すまの孫にあたる薫と結婚し、生まれた息子、鳩山威一郎は大蔵事務次官を経て、参議院議員になり、福田赳夫内閣では外務大臣まで務めている。

その鳩山威一郎が婚姻関係を結んだ安子は、ブリヂストンタイヤの創設者の石橋正二郎の娘である。政財界のネットワークが見事なまでに張りめぐらされていることがわかるだろう。その二人の間に生まれたのが、鳩山由紀夫と衆議院議員の鳩山邦夫である。

そして、2014年8月現在、総理大臣を務める安倍晋三については、父が元外務大臣の安倍晋太郎で、さらに祖父が岸信介（第56・57代内閣総理大臣）、大叔父が佐藤栄作（第61-63代内閣総理大臣）であるだけではなく、吉田茂や麻生太郎とも遠い親戚にあたる。

権力と財力は、こうして庶民のあずかり知らぬところで、血のつながりで譲り受けられていき、より強固さを増していくのである。なんともやりきれない話ではあるが……。

第36位

ガーデニングに21億円

カルースト・グルベンキアン　Calouste Sarkis Gulbenkian　1869-1955

6000点以上の美術作品を個人で集めた

ポルトガルの首都リスボンで観光名所として人気のある、グルベンキアン美術館。そこでは、ルノワール、モネ、ターナー、レンブラントと世界に名だたる芸術家の作品が展示されている。また、そのジャンルも古くはエジプトの彫刻から現代美術まで幅広く、美術品の数は実に6000点以上にも及ぶ。なかでも、アール・デコのガラスの巨匠であるルネ・ラリックの美術工芸品は、170点と世界一の充実度を誇っている。

しかしなにより驚くべきことは、これらは一人の人間が世界各地からかき集めたものだということだ。コレクターの名前は、カルースト・グルベンキアン。アルメニア人で石油王として名を馳せた人物である。

石油商人の父のもとに生まれたグルベンキアンが目を付けたのは、1904年にオスマン・トルコ皇帝がアナトリア鉄道会社に付与した鉄道路線両側20キロ幅にわたる鉱業権である。1912年には、トルコ国立銀行・アングロ・サクソン石油会社・ドイツ帝国銀行の三社とともにトルコ石油会社を設立した。

後にトルコ国立銀行の持ち分をアングロ・ペルシャン石油会社が引き受けたが、トルコ石油会社の5％の株をグルベンキアン個人が所有し、石油の売買で莫大な富を築いた。彼が「ミスター5％」という名で呼ばれるようになったゆえんである。

グルベンキアン美術館は、そんな彼の遺言にしたがい、グルベンキアン財団によって開かれたものだ。ほかに、やはりリスボンを拠点としたオーケストラ、グルベンキアン管弦楽団も、彼が創設したものである。石油王の莫大な財産が、今でもなお、音楽や芸術というかたちで、母国に多大な貢献をしているのだ。

カルースト・グルベンキアン

60人の庭師に手入れをさせた

カルースト・グルベンキアンは、フランスで最もファッショナブルな町といわれるドーヴィルの近くで庭園を造ったこともある。

もともと庭園を愛したグルベンキアンは、世界中から好きな樹木を集めることにこだわった。その額はなんと21億円。手入れも大変で、フルタイムで働く庭師が60人もいた。さらに、樹木だけではなく、グルベンキアンは何百種類もの鳥も放し飼いにしている。

まさに究極の庭園だが、最初こそ足しげく通ったものの、そのうちに行かなくなってしまった。

誤算だったのが、宿泊施設が周囲に全くなかったということ。庭園といえば、パーティ会場にして人を集めるのが、１９３０年当時の上流階級のならわしだが、泊まる場所がなかったため、ゲストを呼ぶのも簡単ではなかった。

もちろん、人が来ない間も庭師の給料や高額な維持費がのしかかる。友人から「見合わないのでは……」と呆れられることもあったが、グルベンキアンは一向に気にしなかったという。好きなものをとことん追求する。それが、彼の流儀だった。

第35位

戦国時代に西洋式病院を作った！

ルイス・デ・アルメイダ　Luis de Almeida　1525?-1583

貿易商として莫大な利益を上げた

西洋医学に基づく病院を日本で初めて作ったのが、ポルトガルから来た医師免許を持つ商人だったことは、意外と知られていない。

ルイス・デ・アルメイダがリスボンから海路でインド、そしてマカオへと向かったのは、1548年のこと。すでに自国で医学を学び終え、外科医として開業権を持っていたが、大航海時代に煽られて一攫千金を目指し、世界へ飛び出したのだ。おそらく23歳のときに旅立ったのではないかといわれている。

結果的にこの選択は正解だったといえるだろう。貿易に投資して利益を得ただけではなく、自らも船長として貿易船で中国・マラッカ・日本の間を行き来して、莫大な富を築いた。

1555年には、アルメイダは日本に定住することを決めた。長崎県の平戸市に着くと、大分県の府内へと向かい、そのまま住み続けることになったのである。

このとき、アルメイダはすでにイエズス会に入信していたようだ。イエズス会のインド管区長ベルヒオール・ヌーネス・バレート神父を日本に呼ぶために、アルメイダは2000クルザードを送金している。これは、貿易で稼いだ全財産の半分近い額だった。

大分市「西洋医術発祥記念像」のルイス・デ・アルメイダ
渡辺広史／アフロ

最終的には、このお金は牧師の友人を通じて返却されたものの、これから異国地で暮らしていこうというときに、随分思い切った行動に出たものである。どうも船のなかで宣教師と出会い、信心したようだが、その熱意は本物だったといえるだろう。このとき使用されなかった費用が、多くの病人を救うために活用されることになる。

大分県に府内病院を設立した

アルメイダは1557年、私財5000クルザードを投じて、豊後府内（現・大分市）に府内病院を設立した。収容員数は100人程度だったといわれている。また、この病院では、一般の病人だけではなく、ハンセン病の病棟もあった。

宣教師のルイス・フロイスは、次のように書き残している。

「アルメイダは、まわりにいる貧乏なキリスト教徒たちが困窮したり、よるべもなく打ち捨てられていたりすることに同情して、病院を作り、そこに貧しい人びとを収容してたいへんな愛情と慈悲とをもってこれを看護した」

さらに、1559年、府内にもうひとつの病院も建てられた。こちらは仏教の僧侶や武士など、比較的身分が高い人のために作られたもの。大変な評判となり、2年で2000人もの患者が訪れた。皮膚科や腫瘍の専門だったアルメイダ自身も、約200人の患者を治療している。

結局、アルメイダは1555年から1583年にわたって、日本に滞在した。その間に、初めて日本で西洋医学的な病院を作ったのだから、密度の濃い月日だった。

アルメイダの功績を称えて、大分県の県庁近くの遊歩公園には、アルメイダが外科手術を始めようとする様子を像にした作品が飾られている。富を生かして社会貢献することの意義深さを、アルメイダの人生は教えてくれているようだ。

第34位

ケネディ暗殺の動機充分

H・L・ハント　Haroldson Lafayette Hunt, Jr.　1889-1974

テキサスの特権を生かして石油王に

1963年11月22日、遊説中のジョン・F・ケネディ大統領が暗殺され、アメリカだけではなく世界中に衝撃が走った。実行犯とされたオズワルドが逮捕後2日で射殺されてしまったことから、その真相はいまだに明らかになっていない。

ケネディ暗殺の黒幕として関与を疑われたのが、

当時世界で2番目の富豪といわれた、石油王のH・L・ハントである。

ハントが疑われた理由はいくつかある。

まずは、ケネディ暗殺の容疑ではオズワルド以外に関与を疑われたほか3人が逮捕されたが、そのうちの一人が、H・L・ハントの三男であるラマー・ハントと会う予定があった、と警察に証言したこと。

また、逮捕されたオズワルドを射殺したジャック・ルビーが、暗殺の前日にハントのオフィスを訪ねていたことや、「ミスター・ハント」宛のオズワルドの手書きメモが発見されたことなどがあるが、何よりもハントにはケネディ暗殺の動機があった。

それを知るには、歴史の針を少し戻す必要がある。

1926年、アメリカ政府は油田開発を推奨するために、テキサスの油田開発業者にだけある特権を与えた。それは「石油減耗控除」（控除率27・5％）で、これによって、ハントは巨額の年収を得ながらも、ほとんど税金を支払わずにすんでいたのである。

富む者がますます富む仕組みを特権として与えられていたわけだが、ケネディはそれを縮小しようとした。既得権益にメスを入れることは、人気がほしい政治家ならば誰もが避けたいところで、実際、この特権を奪おうとしたのは、トルーマン大統領以来、初めてのことであった。それに抵抗したのが、H・L・ハントだった。

そんなことで暗殺までしないだろうと思うかもしれないが、H・L・ハントが石油事業で築いた財を思えば、その影響は決して小さなものではない。ハントは、油田の見込みがある土地を見つけては、採掘権を買い上げて、すぐさまそれを街の石油産業業者に売るという手法で、自ら資金を使わずに富を築いた。1924年には、60万ドル、つまり約71億5000万円で、石油の権利の半分を売却している。

第二次世界大戦時には、彼が設立したハント石油一社が、ドイツの全石油量を超える量を連合国側に供給している。天然ガスにおいても、全米の8割を供給。2年後には、『フォーチュン』誌で「全米一の金持ち」と言われるところまで駆け上がった。

そんな富豪の既得権益に目を付けたのがケネディで、石油減耗控除縮小を公表したときに、ポール・ゲッティとH・L・ハントの実名を挙げている。

事業を継いだ息子のことを考えても、H・L・ハントが石油減耗控除を手放したくはなかった。

ちなみに、H・L・ハントは3人の女性と重婚し、14人もの子どもをもうけたが、なかでも一番まともだった、2人目の妻との間に生まれたレイが後継者となって、多国籍企業化を成功させた。

ケネディ暗殺の真相はいまだわからない。だが、ひとつ明らかなのは、ケネディ暗殺後に大統領となったリンドン・ジョンソンは、石油減耗控除を継続し、それはハント家にとって願ったり叶ったりの展開だったということだ。

1974年、H・L・ハントは死去。その資産30億ドル、つまりは約1兆5700億円にも上った。

第33位

究極のジビエ!? 虎肉パーティの真相

山本唯三郎［やまもと・ただざぶろう］ 1873-1927

虎を狩って食べた

他人が食べたことのないものを食べたい。一般

人には思いもつかない願望だが、それも富豪ならば、ある程度は叶えられてしまう。

石炭輸送船で大儲けをした山本唯三郎は、虎を

食べてみたいと、わざわざ朝鮮半島に渡って狩りに出かけることにした。マスコミ関係者も含めて31人のチームを編成して「征虎隊」を結成。そこに現地のレポータや猟師も加わったため、その人数は総勢150人にも及んだ。

1910年に日韓併合条約が締結されて7年目の年での大愚行に、眉をひそめた良識人は国内にはもちろん、現地の人からも大いに顰蹙《ひんしゅく》を買ったようだ。それは野蛮だからということだけではない。朝鮮では、全長2・9メートルにも及ぶチョウセントラは「山神の使い」あるいは「化身」とされていたため、乱獲はご法度だったのである。

しかし、そんなことはお構いなしに、征虎隊たちは8班に分かれて虎を探索。なかなか見つからなかったが、1ヶ月間粘ってなんとか2匹の虎を仕留めることに成功。ほかにヒョウ、イノシシ、シカなどを捕まえて、貨車一両分の動物を日本に持ち帰った。虎を捕獲できたのがよほどうれしかったのか、帰国後には、わざわざ盛大なパーティを開催する運びとなった。

会場は帝国ホテルで、集まった人数は200人あまり。渋沢栄一や大倉喜八郎といった実業家もいれば、逓信大臣や農商務大臣までもの珍しさに出席している。大物が揃えば、唯三郎の挨拶にもおのずと力が入った。

「戦国の武将は陣中の士わざわざ気を鼓排せんが為めに朝鮮の虎を取りましたが、大正年代の吾々は、わざわざ出掛けて行って申さば日本の版図内の虎を狩って戻りました。之れにも深長な意味があると存じます」

出されたコース料理には、「高原猪肉ロースト」などがあったが、メインデッシュはもちろん虎料理で「成南虎冷肉煮込み」。

果たしてお味のほうはというと……肉は固くてボロボロとイマイチだったようだ。

あくまでも「成金」ではありません

何がそんなに退屈なのか、唯三郎は虎肉パーティの後も、芸者を裸体にして行進させたり、百円札の束を焼いて見せたりして、成金ぶりを発揮。それでいて、彼は「成金」という言葉への拒絶反応が強かった。こんな文章を書いたこともある。

「ほとんどなんらの勤労もせず、計画もなく、一朝にして奇利を僥倖し、一寒児よりたちまち暴富者となったものが、成金であるとすれば、成金は正しく冷嘲を買うに値する」

そう言って、石炭販売業を20年にもわたって行った後に成功した自分自身は、そんな成金とは異なると考えていた。

だが、第一次世界大戦後の唯三郎の失速ぶりは、まさに成金が凋落するパターンそのものだった。美術品は次々と手放すことになり、最後は誰にも看取られることもないまま、54歳でその生涯を閉じている。

狩った虎2頭を前にした山本唯三郎

第32位

準備に4年かけた非難囂々《ごうごう》の葬式

アルフレッド・ショシャール　Alfred Chauchard　1821-1909

ミレーの絵画を取り戻した「白布の王者」

贅をつくした大富豪はしばしば名誉欲に駆り立てられる。さすがにこればかりは金で買えない、と言いたいところだが、金で買える程度の名誉もあるようだ。

アルフレッド・ショシャールは、1855年に共同経営者とともにパリで「ルーブル商店」を開業。そこでは、結婚衣装やレースのショーツ、白衣宣教会のコートまで白い布を素材とする商品ならば、なんでも売る店として評判になった。やがてショシャールは「白布の王者」と呼ばれ、巨額な利益を出し続けることに成功する。

毎年7億フランの収入を得るまで事業を成功させ、「フランスのデパート王」とも称されたショシャール。ほかの富豪と同じく贅沢な暮らしを楽しんだが、そのひとつが絵画のコレクションである。

イザベイ、テオドール・ルソー、フロマンタンなどを集めたショシャールのコレクションのなかでも、有名なのがミレーの「晩鐘」だ。この「晩鐘」はフランス絵画の代表作ともいわれていたため、1889年のオークションで一度アメリカに渡ったときは、国内でちょっとした騒ぎとなった。

だが、その1年後にショシャールが80万フランをはたいて自国へ取り戻し、フランス国民たちを安心させた。いずれの絵画も死後にルーブル美術館に寄贈されている。

自分の葬式に50万フラン以上かけた

しかし、豪華で贅沢な暮らしだけでは、満たされない思いが、ショシャールにはつきまとった。例えば、彼には自宅を訪ねてきた人に、ブロンズで作った自分の胸像か、肖像を刻んだメダルを必ずプレゼントするという習慣があった。客からしてもはた迷惑な贈り物だが、その自己顕示欲の強さは、自身の葬式への異常なほどのこだわりとなって現れる。

なんとか自分の葬式を歴史に残るようにしたいと、ショシャールは死の4年前から綿密に計画を立てた。広い墓地に壮大な墓を作り、自身の衣装（といってもそのときはすでに死んでいるのだが）はもちろん、霊柩車の飾り付けや、花の色、花輪の大きさまで細かくオーダーした。注文は葬儀屋のルックスにまで及び、口ひげを刈ってしまったうえに、もっと陽気になるようにと、フランス風の召使の服まで着せたという。

凝りに凝った葬式の総額費用は1909年時点で、50万フラン（現在の価値で38億7千万円）以上にも上った。その結果、ショシャールの思惑通り、1909年に彼が亡くなった後に行われた葬式には、多くの人々が集まり、絵葉書の題材になるほど話題になった。だが、群集のざわめきは彼の成金ぶりを揶揄《やゆ》する叫び声となり、卵やトマトを投げつけるものまでいた。ショシャールに安く雇われていた従業員たちも怒りをぶつけたようだ。

それだけの騒ぎになったのは、葬儀の前にショシャールの遺言の中身が発表されたことも、理由のひとつである。その遺言には、前述した絵画をルーブル美術館に寄贈する旨が書かれていたほか、元大臣を務めたある一人の人物にかなり遺産を与えると書かれていた。そのいきさつにも批判が高まったのである。

ショシャールは事業に成功して資金ができると、

ブルボン宮殿に積極的に出入りして、議員たちとつながりを作るようにしていた。そして、パーティを開いては彼らに贅沢なシャンパンを飲ませたり、フォアグラなどのご馳走を振る舞ったりしていたのである。もちろん、そこには身分や地位の高い者から認められたいというショシャールの下心があったことは言うまでもない。その甲斐があってか、ショシャールはレジオン・ドヌールの勲章を授けられるという、人生最良ともいってよい「報酬」を受け取ることになる。

それがよほどうれしかったのだろう。授賞のときにスピーチの機会をくれた元大臣のジョルジュ・レッグに対して１５００万フランといった大金を遺すと、遺書には記されてあった。

葬儀のときの彼への批判には、「勲章を金で買った」というものも多かった。誰よりも認められたかった男は、市民の罵倒のなか、見送られることになってしまった。

第31位

エルミタージュ美術館から大人買い

アンドリュー・W・メロン Andrew William Mellon 1855-1937

手紙で大統領に夢を語った

多くの富豪が夢中になる、美術品のコレクション。本書でもそんな人たちを何人も紹介しているが、アンドリュー・W・メロンのように、国立美術館を建てた富豪は珍しい。

１９３６年、メロンはこんな手紙を第32代アメリカ合衆国大統領フランクリン・ルーズヴェルトに送っている。

「親愛なる大統領閣下。私は長年にわたり、歴史的にも、芸術的にも価値が極めて高い絵画や彫刻を収集してまいりました。将来的には、こうして集めた美術作品が、すべてのアメリカ市民の共有財産になってほしい。言い換えるならば、首府ワシントンに、国立の美術館のような形で、誰でもが、いつでも鑑賞できる場所ができたらと、思っておりました」（岩渕潤子『大富豪たちの美術館』より）

1921年2月14日に撮影されたアンドリュー・W・メロン

その後も、国民の芸術への関心を高める意義や、施設の重要性について熱弁を振るい、「私の名前を冠するのはよくない」と言って、「ナショナル・ギャラリー・オブ・アート」と、国立美術館にふさわしい名称案にまで言及している。

この申し出について、ちょうどメロンに脱税疑惑が上がっていたときだったため、それを封じるためではないかという批判が後に上がることになった。その真意のほどは定かではないが、かつてメロンがロンドンのナショナル・ギャラリーを見学して、自国にも同じものがほしいと考えたことは確かなようだ。

それにしても、すさまじい行動力である。一体、どんな人物だったのか。

27歳の若さで父とともに銀行の共同経営者となったメロンは、石油と鉄鋼業への積極的な投資で財を築く。1921年には、財務長官に就任。5階建ての最高級マンションのワンフロアを貸しきって自宅とし、ヨーロッパの家具や調度品を揃えて、壁には、フェルメール、エル・グレコ、ターナーといった名画を飾った。

メロン邸ではセレブなパーティも開催され、アメリカの上流階級の人々はそれに参加することが、ステータスのひとつにもなった。無口だったメロンは自分のコレクションをことさら自慢することはなかったが、そうしなくても、飾られた名画が自らその価値を雄弁に語っていた。

景気悪化を理由に1932年には財務長官の任を解かれたメロンは、駐英アメリカ大使を命じられた。そのイギリス滞在中に、メロンは自身の絵画コレクションをさらに豪華なものにする。665万4000ドル（約1000億円）を使って、ソビエトのエルミタージュ美術館のコレクションから21点の絵画を購入。ほかに、部屋の壁を埋めつくすほどの絵画を全点、一度に買ってしまうこともあったという。


そんなメロンからの「コレクションを寄付して、国立美術館を建てたい」という申し出は、ルーズヴェルト大統領にとっても悪い話ではなかった。手紙を受け取ってから翌々日には、議会に諮るという旨の返事を出している。

議会で正式に決まると、メロンは、8000万ドル（約1兆6000億円）相当の美術コレクションを、このナショナル・ギャラリーに寄贈した。

1941年、ついにナショナル・ギャラリーが完成するが、残念ながらメロンはすでにこの世にいなかった。大統領に手紙を出したときがすでに81歳で、その翌年には亡くなっていた。

年中無休で入場料は無料。メロンは「誰でもが、いつでも美術を鑑賞できる場所」を提供するために、国立美術館の建設が必要だと考えたが、ナショナル・ギャラリーはまさにそんな場所となった。

死後はその功績が称えられ、アンドリュー・メロン財団が設立された。

第30位

デュポン家／エルテール・デュポン　Éleuthère Irénée du Pont de Nemours　1771-1834

1兆円　儲けましたよ　戦争で

アメリカ最大の化学会社「デュポン」

栄枯盛衰は世の習い。どれだけ栄華を誇った名門一族も、時代とともに廃れて途絶えてしまうことが少なくない。

そんななか、現在まで連綿と続いているのが、デュポン家である。1000人を超える一族の総資産は1兆円以上。一族が創業した「デュポン」はアメリカ最大の化学会社として今なお成長を続けている。

デュポン社は1938年に合繊繊維「ナイロン」を商品化したことで知られているが、新機軸を打ち出したのは、デュポン家につきまとった「死の商人」のイメージを払拭するためでもあった。それは

デュポン家の歩んできた歴史を見ればよくわかるだろう。

火薬工場で活路を見出す

デュポン家の創始者、ピエール・サミュエル・デュポンはフランス北西部の都市ルーアンに生まれて、ルイ16世の即位と同時に財務総監へと抜擢された。

もともとは時計屋の息子だったが、家業を放り出して、新聞の編集など言論界に身を投じていたが、徐々に政府の役人として重要性を増していった。

やがてフランス革命が起きると、祖国に行く末に絶望したピエールはアメリカへ亡命。ユートピアの地を築こうと不動産に投機するが失敗してしまう。

そんなとき、長男のエルテール・イレネ・デュポンが火薬工場の可能性に目を付ける。音がうるさいばかりで威力がない火薬を改良すれば、かなりのニーズがあるはずだと、イレネは考えた。理想主義者の父のピエールをなんとか説得して、デラウェア州北部のウィルミントンに火薬工場を建設。従来の火薬とは比較にならない威力を持つものを開発した。

エルテール・デュポンの肖像画
Science Photo Library/アフロ

すると、時の大統領トーマス・ジェファーソンに気に入られて、国軍向けへの注文が殺到。ピエールが政府内のコネクションを持っていたことも大きかったが、1812年に米英戦争が行われたことも追い風となり、業績は拡大していった。

プルトニウムやウランの製造も

1834年にイレネが死去すると、息子のヘンリー・デュポンが経営権を握る。どうしても3代目は失敗しやすいが、ヘンリーはクリミア戦争、南北戦争で莫大な利益を手中に収めながら、鉱山や運河の開発における火薬の市場を開拓するなど、堅実な経営で火薬メーカーとしての地位を磐石《ばんじゃく》なものにした。その後、火薬工場を株式会社化したのが、現在の化学会社「デュポン」へとつながっていく。

しかし、戦争のたびに利益を伸ばしたデュポン家への反発は少なくなく、成功すればするほど「死の商人」と批判されることになった。原爆に使うウランやプルトニウムの開発にも携わったことさえあるのだから、当然といえば当然である。ナイロンをはじめとする合成繊維や農業の研究開発に携わったのは、「脱・兵器の製造」を目指した結果といえるだろう。

ちなみに、デラウェア州北部のウィルミントン郊外にあるデュポン家の邸宅は、博物館と庭園として公開されている。観光スポットとして海外から訪れる人も多く、一族の歴史の一端に触れることができる場所になっている。

第29位

漫画？　レストランをその場で買う

ジェームズ・ゴードン・ベネット　James Gordon Bennett Jr. 1841-1918

車掌へのチップが2000万

「世の中、金がすべてではない」と思いたいが、金でなんとかなってしまうことが多いこともまた事実である。

往々にして富豪はわがままなもので、ニューヨーク・ヘラルド・トリビューン社の社長を務めたジェームズ・ゴードン・ベネットは金の力によって、自分の思い通りにさせることが度々あった。

「電車をゆっくり走らせてほしい」

ブルートレインがパリとモンテカルロ間を走っているときに、そんなリクエストを出したことがあった。当然、叶えられないはずだが、車掌の裁量で遅く走ったところ、その心遣いに喜んだジェームズ・ゴードン・ベネットはチップとして1万4000ドル、現在のお金で約20000万円も支払った。

勝手にそんなことをして会社から首にされないのかと心配になるが、車掌はこのチップをもらうと、自ら鉄道会社を辞めてレストランのオーナーになったという。

ジェームズ・ゴードン・ベネット

ジェームズ・ゴードン・ベネットの資産は4000万ドル、現在の価値にして約5600億円にも上った。車掌へのお礼も、富豪にとってはちょっと奮発した程度だったかもしれないが、当人にとっては人生を変えるチップとなった。

店を買い取り、自分だけの席を確保

レストランのテーブルの席にも、譲れないこだわりがあった。

イギリス原産の骨付き羊肉が大好物だったゴードン・ベネットは、モンテカルロにあるレストランが気に入って通い詰めていた。しかし、あるとき、いつもの定位置に、酔っぱらいの団体客が座っているのを見て愕然。レストランのオーナーを呼びつけて、レストランごと売ってくれと言い出した。

最初は驚いて断ったオーナーも、ゴードン・ベネットが差し出した金額を見て、考えを変えた。

その額は4万ドル。今の額でいえば、5600万円である。その瞬間に店は引き渡され、ゴードン・ベネットはその客を追い出したというから、横暴にもほどがある。

しかし、いつもの席で骨付き羊肉を堪能すると、皿を下げに来たウェイターのチロにこう言ったという。

「実にうまかった。ところで君、よかったらこの店をやってみないか」

条件はひとつ、今座っている席を自分専用にして、同じシェフが作る羊料理を提供してくれること。そのレストランはウェイターだったチロの店となり、評判の店になったという。

わがままのなかにも、どこか温かさがあるゴードン・ベネット。1918年に死去するまでにすっかり財産を使い果たしてしまった。

第28位 19世紀のブラック富豪

アルフレート・クルップ Alfred Krupp 1812-1887

戦争で大活躍したクルップ砲

プロイセンは、1864年には普丁戦争でデンマークに、1866年には普墺戦争でオーストリアに、そして1871年には普仏戦争でフランスに、と立て続けに勝利を収める。1871年には、プロイセンを中心にドイツ帝国が誕生した。

ドイツ宰相のビスマルクが「鉄血宰相」と呼ばれることになった、次の演説はあまりにも有名である。

「今日のような時代の大問題を解決するものは、

演説でもなく、多数決の原則でもない。ただ、血と鉄あるのみである」

兵士の血と、鉄と鉄砲こそが、戦乱のヨーロッパでは、問題を解決する唯一の手段である、とビスマルクは考え、それに基づく国策を展開した。

アルフレート・クルップ

その鉄と鉄砲を請け負ったのが、アルフレート・クルップ、その人である。1859年には、政府から300門という大量の大砲が注文されると、クルップはそれに応えてクルップ砲を大量生産。プロイセン国家と親密な関係を築いた。

クルップ砲が実戦で初めて使われたのは、冒頭で挙げた普墺戦争のときだ。ただし、わずか7週間でプロイセンが勝利できたのが、クルップ砲のおかげなのかどうかはよくわからない。なぜならば、プロイセン軍の砲兵はまだクルップ砲の操作に慣れていなかったし、なによりも、相手のオーストリア軍も同じくクルップ砲で武装していたからだ。

クルップ砲の威力は、普仏戦争のときに明らかになる。プロイセン側のクルップ砲は、フランスの旧式の青銅製先込め砲とは比較にならないほど正確で、確実に敵を追い詰めた。

実は、したたかなクルップはフランス側にもしっかりと大砲を売り込んでいたのだが、ナポレオン3世から断られたという経緯があった。普仏戦争でフランスが破れたのは、その判断ミスのせいだといっても過言ではない。

「植民地」で労働者を徹底的に監視した

そんな戦争の行方をも左右したクルップ砲だが、量産するには、多数の労働力が必要となる。そこでクルップは1871年から、1200万マルク(約108億円)を投じて、クローネンブルクに「植民地」(コロニー)を建設。敷地内には並木通りが走り、数階建てのバラックの建物が立ち並んだ。労働者とその家族をその敷地内に集めて、私立警察官によって仕事ぶりやプライベートまで監視させたのである。

その植民地の建設と前後して、クルップは1年以上もかけて、細かい字で22ページにも及ぶ「一般規定」を制定。「5分遅刻すると1時間分の賃金を削減する」「規律を守らないものは罰金」といった厳しい工場規則がそこでは定められていた。勤務時間外でも制服の着用を義務付けたり、居酒屋にツケがあると解雇されたりと、労働者の人権さえ踏みにじるような内容だった。それは、クルップが持つ強い人間不信の現れでもあった。

クルップは、労働者のための植民地を建設しながら、自身は160室からなる本館と60室からなる別館を備えた、ルネサンス風の豪邸を建設。そこを「丘の別荘」と呼んだ。王侯・貴族を迎えられるほど豪華なものだったが、火災を怖れるあまりに材料は鉄と石だけにしている。

さらに、自分が父とともに極貧の幼少時代を送った自宅を敷地内に再現。「発祥の家」として、過去の苦労を振り返った自らの言葉を額に入れて飾らせている。クルップがもし現代の日本に生きたならば、いわゆる「ブラック企業」と呼ばれているような経営を嬉々として行ったことだろう。

第21位

あのヴェルサイユ宮殿を建てた!

ルイ14世　Louis XIV　1638-1715

一夫多妻制を謳歌した子沢山キング

朕は国家なり——。

そう豪語するだけあって、ブルボン朝の最盛期に72年もの間、王位についたルイ14世は絶大な権勢を誇った。その過度な食欲については別項で書いたが、それに負けじとも劣らず、女性への欲求も非常に強いものだった。

1660年に結婚した王妃マリー・テレーズとの間には、6人もの子をもうけたが、結婚の翌年には、17歳のルイーズ・ド・ラ・ヴァリエールを公妾として、6年間にわたって関係を持ち、4人も子どもを作っている。

ルイーズと入れ替わるように愛人となったのが、モンテスパン侯爵夫人である。夫との結婚に失敗してパリに出た彼女は、ルイ14世から寵愛を受けて、8人も子どもを出産している。派手好きな彼女のために、ルイ14世は美しい城館まで建設。モンテスパン侯爵夫人は1667年から10年間にわたって、王妃以上の権勢を持ったといわれている。

さらに、ルイ14世は17歳のマリー・アンジェリク・ド・フォンタンジュとも情愛を交わした。気に入ったため、ラ・ヴァリエールと同じく公妾にしたが、20歳で死去してしまう。

移り気にもほどがあるルイ14世だが、最後の寵妾となったのが、スカロン夫人、マントノン・フランソワーズ・ドービニェだ。46歳のときにルイ14世は3歳年上のマントノンとひそかに結婚式まで上げている。

実質的には一夫多妻制を堂々と実行したルイ14世。愛妾との間に生まれたたくさんの子どもたちは、公開王状によってしっかりと認知されたうえで、爵位と年金まで授けられた。

ヴェルサイユ宮殿は完成まで40年かかった

華麗な女性遍歴のなかでも、ひたむきに自分を愛してくれたラ・ヴァリエールのために、ルイ14世は１６６４年、「魔法の島の歓楽」と題した大祝宴を開催。祝宴では、１日目の馬術競技を皮切りに、モリエール一座による喜劇上演や大舞踏会、そして大花火大会とイベント目白押しで、１週間もぶっ続けで行われた。

その会場となったのが、まだ庭園と泉の一部しかできていなかったヴェルサイユ宮殿である。ルイ14世がヴェルサイユ宮殿に移ったのが１６８２年と、20年近く経っていることからも、この宮殿

1668年のヴェルサイユ宮殿

の建築がいかに大規模だったかがわかるだろう。
第13位で紹介したニコラ・フーケの城に対抗するべく、ルイ14世は造園家のル・ノートル、建築家のル・ヴォー、装飾家のル・ブランと、フーケの城を作った一流のスタッフチームをそのままヴェルサイユ宮殿の担当とした。造園工事をするにあたっては丘を切り崩して大運河を開いて噴水を作り、さらに、15万本にも及ぶ花木が移植されたという。有名な「鏡の間」をはじめとした豪華な宮殿内部の装飾や、繰り返される拡張工事によって、着工から40年の年月がかけられた。そして使われた額は６５６５万ルーブルと、巨額な税金が費やされたことになる。

とんでもない浪費にも思えるが、世界遺産にも登録されているヴェルサイユ宮殿には、年間で７５０万人もの旅行者が訪れる。現在までに、フランスの観光事業にもたらした利益を考えれば、むしろ安いものなのかもしれない。

第26位 数百人の愛人に4000億円貢いだ女帝

エカテリーナ2世　Yekaterina II Alekseyevna　1729-1796

10万個の琥珀が使われた

日本の豊臣秀吉が「黄金の茶室」を作ったのは有名である。それに対抗したわけではないだろうが、それから約２００年後、ロシアでは世界でただひとつの琥珀でできた部屋が完成した。

それは、エカテリーナ宮殿内にある「琥珀の間」。部屋一面に飾った最高級の琥珀の数は10万個で、総重量は6トン。アフリカゾウ1頭分の重さの琥珀がこの部屋に使われたことになる。それもただ敷き詰めただけではなく、さまざまな細工を施された精巧な琥珀が壁全体に広がり、まさに「黄金の宮殿」と呼ぶのにふさわしい空間である。

もともとはピョートル大帝がプロイセン王から譲り受けたものだったが、数度の移動を経て、エカテリーナ宮殿に落ち着いた。完成したのは1770年、女帝エカテリーナ2世の時代のときだった。

部屋には、「視覚」「聴覚」「味覚」「触覚と嗅覚」と人間の五感を表現した4枚の高級なモザイク画が東に2枚、南北に各1枚あるが、そのモザイク画を囲むパネルにも琥珀工芸の高度な技が使われた。また、琥珀の間の奥には、食堂や音楽のホールとして使われた「絵画の間」があり、130点の絵画が隙間なく壁を埋めつくしている。

南北に306メートルの長さがあるエカテリーナ宮殿のなかでも、エカテリーナ2世は「琥珀の間」が大層お気に入りで、部外者の入室を許さなかった。女帝はいったい、誰とこの部屋を過ごしたのか。彼女の私生活を知れば、そのヒントが隠されている。

多くの愛人に国費を浪費

エカテリーナ2世は1762年、クーデターを起こして夫のピョートル3世を失脚させると、女帝として即位。34年にも及ぶ彼女の在位が始まる。彼女が「大帝」とも呼ばれるのは、三度のポーランド分割を始めたとした外交戦略で、広大な領土を手に入れたからだ。

ピョートル3世とは性的関係が希薄だったため、エカテリーナ2世は愛人との逢瀬を重ねていたが、女帝の座についてからはますますエスカレートし、数多くの愛人を作った。彼女は5人の子どもを生んだが、その父親はすべて違うということからも、その奔放さがうかがえる。エカテリーナ2世が作った愛人の数は数百ともいわれており、貢いだ額は

ロココ建築のエカテリーナ宮殿（ロシア）　高橋暁子／アフロ

4000億円を超えるという説もある。孫のニコライ2世は、彼女について、こんなふうに表現した。

「祖母は冠をつけた娼婦だった」

すさまじい男性関係だが、グリゴリー・ポチョムキンだけは例外的な存在で、お互いにとってかけがえのないパートナーとして、夫妻同然の関係だった。ポチョムキンは女帝から国政の相談も受けることも多く、その影響力も大きかったため、彼のことを、国政を浪費した愛人として糾弾する歴史家もいる。ポチョムキンが主導して建設した「エカテリノスラフ」（女帝を称える街）は、金額は明らかではないものの、無駄金を使われた例としてよく挙げられている。贅がつくされたお気に入りの「琥珀の間」で、エカテリーナ2世がポチョムキンをはじめとした愛人と過ごしたことは間違いないだろう。

第25位

俺の遊園地は600億円だよ

ハサナル・ボルキア国王　Hassanal Bolkiah　1946-

ベンツだけで530台以上を所有

収入が多い人ほど移住したいと憧れる国が、ブルネイ・ダルサラーム国だ。所得税もなければ、住民税もない。石油や天然ガスなどの資源が豊富なブルネイだからこそできることだ。ブルネイは輸出の約9割が、石油・天然ガスに関連したものとなっている。

そんな裕福な国の国王、ハサナル・ボルキア国王の資産総額は、200億ドル、つまり約1兆6000億円にも上る。何をしても使い果たすことは難しそうだが、国王の豪快な金の使いっぷりを見ると、不可能ではないかもしれない。

趣味の車ひとつとっても、メルセデス・ベンツを531台、フェラーリを367台、BMWを185台、ジャガーを177台と、合わせて5000台以上の高級車を所有。日替わりで乗ってもすべて乗るには13年以上かかる計算になる。これ以上の車道楽は世界中探してもいないだろう。

車だけではなく、飛行機やヘリコプターも乗りこなす国王は、自家用ボーイングも持っている。それもジャグジー風呂付きと、国王専用に作られた特注品だ。

もちろん、宮殿も豪華絢爛だ。敷地総面積121万4000平方メートルに建てられた宮殿「イスタナ・ヌルル・イマン」は、壁に5万6000平方メートルもの大理石が使われ、きらびやかな佇まいを見せる。宮殿内の部屋数は1788室にも上

2006年7月15日、60歳の誕生日を祝われるブルネイのハサナル・ボルキア国王
AP／アフロ

り、1500人を収容することができる。飛行機に風呂を付けるくらいだから、もちろん宮殿の浴槽施設も充実しており、実に257以上の浴槽がある。総工費は3億ドルというから桁違いだ。王妃は3人おり、五男七女の子どもをもうけている。

マイケルのコンサートを国民にプレゼント

これだけ豪華な暮らしをしていても、国民の怒りを買わないのは、所得税や住民税がないうえに、教育費も無料、医療費もほぼ無料という暮らしやすさがあるからだ。そして、ハサナル・ボルキア国王は自分のためだけではなく、国民の喜ぶことにも金を浪費している。

その筆頭が「ジュルドンパーク」という遊園地で、国王の資産から日本円で約636億円を投じ、国民へのプレゼントとして建てられたものだという。ジェットコースター、メリーゴーランドなどもアトラクションもあり、東南アジア最大規模だ。

さらに、50歳の誕生日には、国民にサプライズを用意していた。それは、マイケル・ジャクソンのコンサートである。3万人収容できるジュルドンパークの円形劇場で開催し、国民たちには無料開放して喜ばれた。

人口40万人の資源国家ブルネイ。資源が枯渇したときに備えて、昨今は観光業、金融業にも力を入れ始めている。ハサナル・ボルキア国王の大盤振る舞いは、リッチな国の代表としてふさわしいものだといえるだろう。

COLUMN

7

かなり過酷な富豪の幼少時代

自らの努力によって大きな成功を収めた人物には、多くの場合、大きな絶望を味わった過去があるものだ。大富豪と呼ばれる人たちのなかにも、過酷な幼少時代をバネに躍進したケースが多い。

「世界のスズ王」と呼ばれた**シモン・パティニョ**は、ボリビアの貧しい地区で幼少時代を過ごした。父は靴修理で生計を立てていたが、住民のほとんどが修理どころか、靴自体を買えないという状況で、商売はあがったり。しかもパティニョは、身長も低く華奢だったため、肉体労働の戦力にすらならなかった。

パティニョの不運さは社会に出てからも続く。飲食店の店員として働いていたとき、借金をよく踏み倒す客とのトラブルに巻き込まれて、解雇されてしまったのである。

だが、そのときに客から手渡された鉱山採掘権の証書が、パティニョの人生を切り拓く。山の小石を集めては売るという地道な努力のなかで、パティニョはスズ鉱石と出会い、巨額の財を築いた。

極貧という意味では、母の手ひとつで育てられ、貧民救済院で育った喜劇王**チャップリン**や、母が他界したうえに、父も蒸発して、妹と孤児院で育ったデザイナーの**ココ・シャネル**も同じだ。

それでもマイナスがない分、まだましなのかもしれない。「大砲王」と呼ばれた**クルップ**の場合は、工場を経営していた父が亡くなると、まだ14歳の少年だったにもかかわらず、膨大な借金を一身に背負うことになる。それも、母、姉、弟二人を自分が養わなければならなくなってしまったのである。

すでに13歳のときに学校を中退しており、病気の父に代わって工場で働いていたクルップ。後年になって、当時をこう振り返っている。

「私が教育を受けた大学の講堂は溶解小屋であり、講壇は鉄床でした」

正規の教育をろくに受けていないという点では、ヴァンダービルト一族を築いた鉄道王の**コーネリアス提督**もそうだった。コーネリアスは16歳のときに海に出て働くことを決意。母から借金して船を購入すると、ニューヨーク湾の船頭として働き始める。

はたから見れば苦労人そのものだが、コーネリアスにとっては教室にじっと座って授業を受けるほうがはるかに苦痛だった。船頭デビューした後、コーネリアスはがむしゃらに働いて稼ぎに稼ぎ、その資金で鉄道業へと乗り出している。

成り上がるためのポイントとしては、早くから現場を体験することだろう。コーネリアスやクルップもそうだし、鉄鋼王の**カーネギー**や松下電器創業者の**松下幸之助**をみても、それは明らかだ。カーネギーは13歳のときに木綿工場で、松下幸之助は9歳のときに火鉢屋で丁稚奉公をしている。

過酷な幼少時代から得た生きた知識が、後の大舞台で生かされ、大きな飛躍へとつながっていく。

第24位

迷い込んだら出られない!? 愛欲の大庭園

煬帝［ようだい、ようてい］ 569-618

200万人が駆り出された土木事業

天に逆らい民をしいたぐ――。

隋《ずい》朝の第2代皇帝・煬帝の「煬」は、そんな意味を持つ漢字である。実際の名は「楊帝」だったが、死後に後世から付けられた諡号《しごう》が「煬帝」であり、それが呼び名として定着している。つまりはそれほど横暴な権力者だったということだ。

一方、父の文帝は150年間続いた南北朝時代に終止符を打ち、中国を統一した隋の初代皇帝だ。内政にも力を注ぎ、中央では三省六部を整備し、地方では州・県を設置するなど中央集権の強化をはかった。さらに貨幣を統一し、府兵制や均田制を新設。名君と評されるにふさわしい実績を残したが、暴君だった息子の煬帝のほうが、後世にとってのインパクトは強い。やることなすことがめちゃくちゃ過ぎたからだ。

煬帝は604年に隋の2代目皇帝に即位すると、優秀な父が健全化させた財政を使って、好き放題に散財し始める。即位の翌年には、東京《とうけい》を新しい都として作り、その西に壮観な顕仁宮を建設した。そのうえ、西苑《せいえん》という周囲が200里に達する大庭園も造園。珍しい樹木や草花、石、そして珍しい動物まで集めてきて、一大動植物園を建設してしまった。この宮殿と庭園は、一度入ると迷って出てこられないほどの広さだったため、煬帝はこう喜んだという。

「仙人をこの中に遊ばせても、迷ってしまう。目のあたりにできる『迷楼』だ」

それだけのものを作るには、当然マンパワーが必要になる。1本運ぶのに2000人も必要となるような大木を何万本も江南から運び込んだため、借り出された人数は、毎月200万人にも及んだ。現在の日雇い労働者で同じことを行おうとすれば、日給1万円でも200億円もの人件費がかかるが、この

煬帝

事業に携わった半数の人間が命を落としたというから、そんな日給の額ではとても割に合わない。

煬帝は、この壮大な宮殿に良家の娘を連れ込んでは、愛欲にふけった。さらに、大庭園の西苑には16箇所の休息所が設けられていたが、それぞれの部屋で女性が待機していたという。名月の夜には数千人の官女を従えて、庭園を騎馬で巡遊することもあった。煬帝が自分の周囲に置いた女性は、3人の夫人のほかに、9嬪《ひん》、27世婦《せいふ》、81御妻と、実に120人にも上った。

大運河を建設して豪華絢爛な船旅

民衆が苦役を背負わされたのは、宮殿、庭園の建設だけではない。ほかにもさまざまな土木作業に駆り出された。有名なのが、大運河の建築である。

煬帝は、文帝の時代に部分的に開通していた運河を、さらに発展させようと南北に縦断する大運河の建設に着手。華北と江南を連結させたその距

離は1500キロにも及び、100万人以上が駆り出されることになった。そして、その多くが飢餓や疫病などで命を落としている。

そんな犠牲のもとに完成された大運河を使って、煬帝は4階建ての龍船に乗り、江都《こうと》に行幸した。龍船は高さ45尺（約13・6メートル）、長さ200尺（約60・6メートル）という巨大なもの。2階には120室の部屋、さらに正殿、内殿・東西朝堂があり、内部は金銀で飾られていた。

それとは別に同じような装飾で皇后の船があり、さらに煬帝の女たちや臣下たちの船が数千隻用意されて、煬帝の船の後についた。船列の長さは90キロにもわたったというから、さぞ華美だったことだろう。旅のお供として沿岸の民衆たちから強制的に献上させた食物は1州あたり車100台にもなり、食べきれないものは土の中に無残に埋められた。

ほかにも三千里にわたる国道の建設や、長城の修築などの大規模な工事も次々と行った煬帝。最後は自身の護衛兵に殺されたが、愛欲の暴君50年の生涯は、並みの富豪では体験できそうもない。

第23位

私の城は1441室あるわよ

マリア・テレジア　Maria Theresia　1717-1780

戦争中に大改築を指示した女帝の意地

ヨーロッパ最大の名門王朝であるハプスブルク家。オーストリアのウィーンで13世紀より600年以上にわたって栄え続けたが、その君主の第一人者として挙げられることが多いのが、女帝マリア・テレジアである。

マリア・テレジアは、23歳の若さでハプスブルク家を継ぐが、数多の困難が待ち受けていた。女性の相続は認めないと、1740年、プロイセン王国との間にオーストリア継承戦争が勃発。シュレージエンに攻め込まれたうえ、バイエルンまで敵国に回ったため、ハプルブルグ帝国はかなり不利な戦況に陥っていた。

戦火が激しくなるなか、1742年にマリア・テレジアはこんな指令を出した。

「シェーンブルン宮殿の大規模な改修、改築を行うべし」

首都ウィーンにあるシェーンブルン宮殿は、マリア・テレジアの祖父レオポルト一世がヴェルサイユ宮殿を目指して造営に着手したものの、財政難で工事が中断してしまっていた。とはいえ、戦争の最中に出す指令にはそぐわない印象を受けるだろう。

しかし、女帝はそんなときだからこそ、威信を見せつける必要があると考えた。建築家ニコラウス・フォン・パカッシに白羽の矢を立てて、マリア・テレジアは新宮殿の改築へと乗り出したのである。

バロック・ロココ様式に改装した

まず、マリア・テレジアはピンク色だった外壁を新たな色に塗りなおして、見た目の印象を大きく変えた。マリア・テレジアの夫フランツ・シュテファンは金色を提案したが、財政面を考慮してマリア・テレジアは黄色を選んだ。独特な華やかな黄色は「テレジアン・イエロー」と呼ばれ、今でも多くの観光客を魅了している。

その一方で、板張りの壁にはロカイユ模様の金箔を、天井は漆喰《しっくい》の装飾を施した。また、東洋の美術品を愛したマリア・テレジアは、重要な秘密会議をする部屋や、夫の死後に一人で過ごした部屋を漆塗りにしている。日本製の古伊万里《こいまり》の花瓶が置かれていることに、訪れる日本人は驚かされることだろう。

マリア・テレジアは本館だけでなく、取り囲む庭園の整備も行っている。それに並行してシェーンブルン宮殿の二階部分にあたる大ギャラリーも庭園を見渡せるように改築。この大ギャラリーは、宮中式典・饗宴が行われた大広間で、全長は43メートル。ウィーン会議が開催されたのも、この場所である。

さらに、多忙な政務を行いながらも、歌と踊りを愛したマリア・テレジアは1747年、シェーンブルン宮廷劇場をオープン。客席は金で装飾して、天井にはシャンデリアを吊り下げるというゴージャスさとともに、舞台のせりや幕を上下させる装置などに最新技術を

オーストリアのシェーンブルン宮殿　山梨勝弘／アフロ

用いた本格性も持たせているのが特徴だ。

二期にわたった改築工事がすべて終わったのは1765年のこと。断続的に続けられた20年以上にわたる大改築は、オーストリアのバロック・ロココ様式を代表する宮殿を生み出すことになった。

1996年には、世界遺産に登録されたシェーンブルン宮殿。部屋は全部で1441室あり、かつてはどの部屋を使うかによって、宮廷人のステータスが決められたが、現在は1泊約10万円で観光客が宿泊できるサービスも行われている。

第22位 金持ちは何もしても許されるのか?

ジャック・クール　Jacques Cœur　1395-1456

シャルル9世の戦費調達をサポート

フランス王国の王位継承をめぐり、1337年から1453年にわたって、ヨーロッパでは百年戦争が行われた。フランスのカペー朝が断絶し、イギリス王のエドワード3世が王位を主張したのが、戦火の発端である。

百年戦争では、ヴァロワ朝フランス王国とイギリスのプランタジネット朝(1399年からはランカスター朝)との対立を軸に、ヨーロッパ諸勢力が対立。イギリスの侵攻を受けて、フランスが一時期、国内分裂の危機に陥るなか、混乱に興じて歴史の裏舞台で暗躍したのが、商人のジャック・クールだ。

フランス中部のブルジュという町に生まれたクールは、家業を継いで、二人のパートナーとともに地元の貨幣鋳造業を一手に引き受けていた。そんなとき、戦火を逃れるようにシャルル7世がブルジュにやってきたため、彼の運命は大きく動き始めることになる。「低品質の貨幣を市場に送り出した」という批判を受けながらも、クールはシャルル7世のために資金を提供し、ジャンヌ・ダルク率いる軍の軍資金を調達するのにも一役買ったといわれている。

世界史のおさらいになるが、百年戦争はジャンヌ・ダルク軍の活躍によって、包囲されていたオルレアンは解放される。イギリス有利だった形勢は逆転し、1429年には、シャルル7世が戴冠することになる。

そんな歴史的出来事の裏で、クールはシャルル7世によって、宮廷御用商人へと取り立てられている。そして、その後もシャルル7世は何かとクールを頼って戦費を調達。クールは長期にわたって融資することもあったが、必要な額を無償で渡してしまうことで、その見返りとして、特権や優遇措置を得ることを重視していたようだ。

戴冠に最も貢献したジャンヌ・ダルクが身代金と引き換えにイングランドへと引き渡されて、19歳の若さで火刑によって殺されていることを思えば、クールは随分とうまく立ち回ったように見える。

シャルル7世への融資によって、自分が所有するガレー船だけでは、税金がかからないという優遇を勝ち取ったクール。絹織物、綿織物、カゴ細工、花などを輸出し、水砂糖やアラビア馬、香水などを輸入するという東方貿易で、巨額な資金を稼いだ。また、クールはキリスト教国では金が、イスラム諸国では銀がより価値を持つことを知り、両国の差額を利用して儲けたりもした。

さらに、シャルル7世からパリの造幣所長に任命され、国王会計方、ラングドック地方委員、国務評定官の地位も手に入れる。クールは、「ヨーロッパ最初の資本家」とも呼ばれているように、その商才をいかんなく発揮し、地位も名誉も手に入れたのである。

ジャック・クール宮殿を作ったが……

「ブルジュに行くなら、ジャック・クール宮殿を見に行こう！」

2013年の現在においても、旅行サイトでそう謳われるように、クールがブルジュに立てた豪邸は15世紀のゴシックの世俗建築の傑作と評されている。

だが、クール自身はこの邸宅の完成を見ることができなかった。その前に、逮捕されてしまったからだ。

フランス、ブルジュにあるジャック・クールの宮殿　TARO NAKAJIMA/アフロ

罪状は貨幣改鋳、異教徒への武器納入、アラブ諸国への貴金属の輸出などいくつか挙げられたが、結局は目立ちすぎたために、でっち上げられたようなもの。裁判が、宮廷内で彼を支持していた有力者が失脚したタイミングで行われたことからも、それは明らかである。彼を引き上げた一番の庇護者であるシャルル7世はというと、愛妾のアニェス・ソレルが急病で亡くなり、失意の底にいた。クールの行く末に気を配る余裕はなかったようだ。

好調から一転、悲劇の人生へと波乱万丈のクールの人生だが、ジャック・クール宮殿の八角形の階段には、彼の次のような銘が刻まれている。

「大胆な心には、不可能なものは何もない」
(A cœur vaillant rien d'impossible.)

無期懲役となり独房に入れられたクールだが、話にはまだ少し続きがある。

クールは国王だけではなく、教皇ニコラウス5世からも支持されていたため、教会関係者の力を得て脱獄に成功。その後は十字軍に参加し総司令官として、戦死している。

第21位

配りに配った金の延べ棒14トン

マンサ・ムーサ　Mansā Mūsā　?-1337?

35兆円の金融資産を誇る王

本書は富豪が残したエピソードのインパクトによってランキングをしているが、米国情報サービスCelebrity Net Worthは2013年に興味深いデータを発表している。

それは、過去から現在に至るまでの著名な資産家25人のうち、誰が一番、金融資産を多く持っていたか、というもの。土地などの固有資産も含めて、保有している金融資産の最大値によって、順位付けされている。

その結果、2位のロスチャイルド家（3500億ドル）、3位のジョン・D・ロックフェラー（3400億ドル）を抑えて、堂々の一位に輝いたのが、マリ帝国10代目の王、マンサ・ムーサである。はじき出された総資産はなんと4000億ドル。円に換算すれば35兆円ほど保有していたことになる。

マンサ・ムーサが王に即位したのは、1307年のことだ。祖父にあたるスンジャータは、ガーナを打ち破ったソッソ族の領土を併合することに成功し、一代帝国を築いたことで知られている。金の産出地であるワンガラやバンブクなどを領土にしたため、盛んな金の取引によって、マリ王国はスーダン諸国のなかで最も裕福な国へと成長を遂げた。

金の延べ棒を配りながらのメッカ巡礼

敬虔《けいけん》なイスラム教徒だったマンサ・ムーサは、家来を引き連れて、メッカ巡礼を行っている。その様子があまりにも派手で豪華だったことから、マンサ・ムーサはヨーロッパにまでその名を知らしめることになる。

巡礼は1324年に行われ、マンサ・ムーサはラクダの隊列に黄金を積み込んだだけではなく、その前を歩く奴隷500人にも金の延べ棒をかつがせた。そうして、ワラタ、トッアトを経て、カイロへと巡礼する際に、各地で黄金をばら撒いたのである。その黄金の量は、50万オンスともいわれ、約14トンにも及んだ。現在の価値でいえば、約630億円くらいにあたる。マーガレット・シニー著の『古代アフリカ王国』では、ヨーロッパの地図で、マンサ・ムーサが次のように評されていることが紹介されている。

「この黒人の王はムサ・マサ・ギニアの黒人たちの王と呼ばれている。彼の国に見出される金はきわめて豊富なので、彼はこのあたりで最も富み、最も高貴な王である」

だが、マンサの大盤振る舞いが、思わぬ結果を招くことになった。それは、金の価値の暴落である。それも一時期的なものではなく、12年以上、続いたというからすさまじい影響力だと言えるだろう。

巡礼を終えると、マンサ・ムーサはイスラム教の導入に尽力。トンブクトゥの地には、多くのモスク（礼拝堂）やマドラサ（イスラム教の教育施設）も建立された。なかでも、イスラム教の大学の機能も持ったサンコーレ・モスクはアフリカ大陸で最初の大学といわれ、最盛期には2万5000人もの学生が集まるほどの盛況ぶりだったという。

マンサ・ムーサの巡礼をきっかけに黄金の都市としてヨーロッパに知られ、1988年には世界遺産にも登録されたトンブクトゥの町。砂漠化のなかで、現在は危機遺産リストに記載されているが、マンサ・ムーサの残した黄金伝説は、人々の記憶に生き続けるだろう。

砂金を手にするマリ帝国の王マンサ・ムーサ

COLUMN

8

王室の女たちのトンデモ逸話

個性的な面々がそろっているヨーロッパの王妃・王女たち。本編ではわずかしか紹介できなかったので、まとめて紹介していきたい。

プリンセスが庶民からうらやましがられるのは、なんと言っても、贅沢な暮らしができること。「国費を使い果たした王妃」として伝説に残っているのが、デンマーク王フレデリク２世の娘で、ジェームズ１世の妃である、**アン・オブ・デンマーク**だ。

アンの夫はジェームズ６世としてスコットランド王に即位していたが、1603年にイングランド王・ジェームズ１世として即位。もともと浪費癖があった彼女だが、ロンドンに移り住んでからは、さらにエスカレートしたようだ。

ヨーロッパ屈指の派手なサロンを作るなど優雅な宮廷生活を楽しみながら、贅沢な旅に出かけることもしばしば。国の財政が危機にさらされたばかりか、死後、夫に莫大な借金まで残したというから、呆れるほどの使いっぷりである。

ロマノフ朝初代皇帝のピョートル１世の娘で、1741年にロシア皇帝となった**エリザヴェータ**は、国政に興味を抱かず、文化事業に情熱を注いだ。ロシア宮廷を西欧化させて、宮廷文化を栄えさせたのはいいが、贅沢しすぎて、晩年はすっかり肥満気味に……。53歳のとき心臓発作によって死去している。

金銭欲ではなく、権力に魅せられた王妃もいた。フランス王アンリ２世の王妃の**カトリーヌ・ド・メディシス**は、長きにわたってフランス政治を牛耳ったことで知られている。

彼女は夫の死後、フランソワ２世、シャルル９世、アンリ３世という３人の息子たちの摂政として母后の地位に30年にわたって君臨し、「黒い王妃」とも呼ばれた。フランスのパリにチュイルリー宮殿の建造を命じたのは彼女で、完成するまでには実に約100年もの歳月がかかったという。

しかし、王女や王妃が、浪費したり、権勢を振るったりするためには、子作りの役目を果たしておくのも大切なことだ。

先のメディシスは10人もの子どもを生んだが、ルイ15世の妃で、ポーランド王スタニスワフ・レシチニスキの娘でもある**マリー・レクザンスカ**も、同じく10人の子どもを出産した。

そもそもルイ15世が数多くいた愛人から、彼女を王妃に選んだのは、健康的で子どもができやすそうだったからだとか。期待にきちんと応えられたのはいいが、10人目の出産後は、医師から体調が危ぶまれたという。

しかし、上には上がいるもの。イングランドのジョージ３世の妃、シャーロットは、９男６女と15人も子どもを出産。ジョージ３世が愛人を持たない愛妻家だったからこそだが、17歳のときに結婚してから、随分と長い年月を妊婦として過ごしたことになる。

浪費に走るか、権力に走るか、子作りに走るか――。豪華で華麗な宮廷生活の裏には、女たちの過剰で生々しい実態が横たわっていた。

大富豪破天荒伝説
第4章

Best 5にいく前に……

第100位から第51位まで下位もチェック!

ベスト5の発表の前に、100位から51位までの発表だ。え、何だって? 1日に40回着替えた? 固定電話が400台? 犬一匹につき12足? 自宅が27階建て? 噴水が260メートル?……などなど怒涛の50連発!

第100位

金閣寺型の気球、1億6000万円

マルコム・フォーブス　Malcolm Stevenson Forbes 1919-1990

豪邸、王宮、城、そして……気球!?

世界長者番付や世界企業番付のランキング記事の人気が高い経済誌『フォーブス』。ランキングで出てくる富豪に負けないほど発行者自身もぶっ飛んでいる。

元発行人のマルコム・フォーブスは自らが豪快な私生活を送ることで、父が1917年に創刊したフォーブスのブランドを確固たるものにした。ニュージャージーにある自宅は16万平方メートルで、東京ドーム約3・5個分と広大なもので、そのほかにもコロラドに農場を持ち、モロッコには王宮を、フランスには城を構えるなど富豪ぶりを発揮。タヒチやフィジーにも別荘があり、趣味で68台も持っているオートバイを乗り回した。

そんな彼が夢中になったのが、気球である。1982年、世界最大の熱気球メーカー「キャメロンバルーン」に連絡を取り、自身が所有するフランスの城に似せた形で注文。長さ約100フィート、高さ約80フィートの気球を手に入れた。以来、フォーブスは毎年、ノルマンディで開催の気球競技大会に出場。それだけでは飽き足らず、エジプトではスフィンクス、フランスではエッフェル塔、タイでは象の形をした気球を上げて話題になった。

1986年には日本にも訪れて気球を上げた。その形はなんと「金閣寺型」で費用は70万ドル（約1億6000万円）。「誰も持っていないもの」を探し続けるのが、大富豪の性なのだろう。

第99位

ココ・シャネル　Coco Chanel 1883-1971

芸術家を援助した芸術家

若き才能を支えたファッションデザイナー

富豪が、自分の資産を活かして、お気に入りの芸術家をバックアップすることはよくあること。ファッションデザイナーのココ・シャネルがパトロンとして援助した芸術家たちは実に多彩だ。

ピカソ、ストラヴィンスキー、ルキノ・ヴィスコンティ、ラディゲ、ジャン・コクトーなど、芸術家グループのパトロンヌとして、シャネルは積極的に援助を行った。巨匠の無名時代を支えるにあたってシャネルは、「自分から援助を受けていることを他言しないこと」を援助の条件としていたという。純粋に応援したい気持ちでの行動だったことがよくわかる。

シャネル自身も、最初は恋人に資金援助をしてもらったからこそ、27歳で帽子店を開業することができた。その小さな店が、ファッションの常識を次々と覆して新たなスタンダードを作り、後に世界的な人気高級ブランド「シャネル」へと成長していった。

無名時代のパトロンの存在が、クリエーターやアーティストにとって、いかにありがたいものか。シャネルは身を持ってそれを知っていたからこそ、芸術家のパトロンとして前に出ることなく、支援を続けていたのだろう。

とはいえ、サポーターに回ったわけではない。自らも87歳で亡くなるまで、現役のファッションデザイナーとして輝き続けた。

第18位

マンハッタンの不動産で資産9兆円！

ジョン・ジェイコブ・アスター1世 John Jacob Astor 1763-1848

マンハッタン島を買いあさった不動産王

ニューヨークのマンハッタンでの不動産賃貸の相場は東京都内の2倍以上。大手不動産会社が2011年に調査した結果によると、ワンルームが約15万円、2LDKが約41万円平均だとわかった。

アスター家の創始者、ジョン・ジェイコブ・アスター1世は1783年に独立戦争が終わった時点で、マンハッタン島の価値をいち早く感じて、土地を買いあさっていた。その資金は、ネイティヴ・アメリカンとの毛皮貿易で稼いだものである。

土地を所有した後は、誰かに貸し付けて、貸した相手に開発させたり、建物を作らせるのが、アスター1世のやり方だった。買った土地をただ貸しておけば、勝手に建物や店が作られて、その土地の値段が上がるというわけだ。

現在、アスター区、アスター通り、アスタープレイス、アスターアベニューと彼らの名を冠した地名がニューヨークのあちこちにある。それも、アスター1世が先見の明を持って、「アメリカの不動産王」の先駆けになったからこそ。彼の死後、遺贈された40万ドルで「アスター図書館」が建設され、後にレノックス図書館と合併して、ニューヨーク公共図書館となった。

その後もアスター家は代々継がれていき、資産は2007年時点で約9兆2000万円に上る。すべては、アスター1世がマンハッタン島に目を付けたところから始まったのである。

第97位

銀行口座作りすぎ

W・C・フィールズ　W.C. Fields 1880-1946

不安で貯金しまくった喜劇王

イギリス生まれのコメディアン、W・C・フィールズは、別居中の妻にいつも弱気の手紙を書いていた。「仕事がない、首になりそうだ。手品をしすぎてあちこちが痛む。この商売も長くはなかろう……」

深刻な状況が伝わってくるが、実際のフィールズは、仕事も順調で高額なギャラを貰っていた。妻と息子への仕送りを減額してもらうための演技だろうか。そんな意図もあったかもしれないが、おそらくは彼が極度に心配性だったからだろう。

フィールズは1915年に手品師のコメディアンとして人気を博すと、「ジーグフェルド・フォリーズ」というニューヨークの劇場で催された歌とダンスとお笑いのショーの一員として舞台に立つ。ギャラは1週間で200ドル（今の日本円で120万円）。月収で500万円近くあったことになる。

ハリウッド映画に16本出るなど絶好調だったが、見知らぬ土地で一文無しになることを怖れて、フィールズはギャラの大半を貯金に回していた。世界中の興行先で数百にも及ぶ銀行口座を作っていたという。

飲酒と過労で、40代前半には身体を壊し、1946年のクリスマスに死去。世界中の銀行から回収するのは困難を極めたが、それでも約70万ドル（約42億円）の財産を遺す。遺言にしたがって、妻と息子に1万ドルずつ、愛人に2万5000ドルが渡され、残りは慈善基金へと寄付された。

第96位

お犬様に全財産！

エレオニア・リッチニー　Eleonore Richney ?-1968

犬のために料理人や理髪師まで

富豪が財産を残す相手は人間だけではない。アラン・モネスティエが1991年に著した『伝説の大富豪たち』には大の犬好きだったエレオニア・リッチニーというアメリカ人女性が登場する。

リッチニーはダックスフンド、ブルドック、フォクステリア、プードルなどあらゆる種類の犬をどこからでも拾ってきたため、全部で150匹も犬を飼っていた。すべてに名前をつけて記憶していたことはもちろんのこと、最上級の理髪師に散髪させて、料理人に特別なスープまで作らせていた。体調を少しでも壊せば、獣医師にただちにかからせたという。犬は飼い主を選べないが、リッチニーのところで飼われた犬は幸運だったに違いない。

問題は彼女の死後で、もちろん同じように世話をできる人などいるはずもない。

そこで、彼女は約1500万（約215億）ドルにも及ぶ財産を犬たちに遺すと決めて、総額50万ドルで「犬の館」を作ることを指示した。前代未聞の遺言には、貧しい人々を中心に大きな反発が上がった。

結局、暫定的な「犬の館」として、有刺鉄線が張りめぐらされた犬小屋に犬たちは押し込められることになり、遺産で雇った番人に犬が亡くなるまで見張らせるという悲惨な状態を生み出した。150匹目が亡くなると、今度こそ遺言に正しくしたがって、残りの遺産は獣医研究にあてられることになったという。

第95位

自宅から駅までのトンネルを掘った

第5代ポートランド公爵 William Cavendish-Scott-Bentinck, 5th Duke of Portland 1800-1879

職人を大勢雇ってトンネルを作らせた

できるだけ他人と顔を合わせたくない「引きこもり」と呼ばれる人たちでも、ここまで徹底することは難しいだろう。イングランドの第5代ポートランド公爵ウィリアム・キャベンディッシュ・スコット・ベンティックは、自身のプライベートを守ることには、金に糸目を付けなかった。

ノッティンガムシャー州のウェルベック・アビーに広大な屋敷を持っているにもかかわらず、公爵が使用したのはわずか3部屋。それも一部屋は手紙の送信用、もう一部屋は手紙の受信用のポストが玄関ドアにはめ込んであるのみで、公爵自身は一部屋しか使わなかったという。しまいには地下に住み始めて、舞踏室やビリヤード室まで地下に作ってしまった。図書館や食堂まで作ろうとしたというから、よほど気に入ったのだろう。

そんな公爵が夢中になったのが、トンネル作りだ。自宅からワークソップ駅までの2キロをトンネルで結んでしまう。さらに、トンネルの中には、小さな鉄道馬車を走らせた。その馬車には、もちろんブラインドがしてあったことは言うまでもない。

さらに、広大な領地のあちこちにトンネルを掘らせて、各部屋をつなぐ24キロのトンネルが作らせた。その工事のために、何千人という職人を雇ったという。金持ちのわがままもここまで来ると、雇用を促進する事業として成り立ってしまうのがすさまじいところである。

第14位

タイタニック号沈没で役立った高級毛皮

マーガレット・ブラウン　Margaret Brown 1867-1932

トランクの衣装が命を救った

1912年、氷山に接触して沈没し、1500人以上が命を落としたタイタニック号の悲劇は誰もがご存じだろう。

生存者は771人。そのうちの一人が、マーガレット・ブラウン、通称モリー・ブラウンである。鉱山の管理をしていた夫のジェイムズ・ジョゼフ・ブラウンが金山を発見したことで、莫大な富を得た。タイタニック乗船時にはすでに夫とは別居していたが、彼女が座ったのはもちろん一等船客の席で、名だたる富豪とともに船旅を楽しんでいた。

事故後、彼女はほかの乗客が救命ボートに乗るのを助けた後、小さなボートで何時間も過ごすことになった。4月の北大西洋はとにかく寒い。いつまで生きられるかは、時間との戦いであった。

そのときに役立ったのが、彼女が持っていたトランクだ。数多ある毛皮のコレクションから、当時4000ドル（約450万円）のロシア産黒テンのマフや当時6万ドル（約6700万円）のチンチラのケープなどを入れていた。彼女自身は最低限のものだけを身に着けて、周囲の人にトランクの衣装を次々と与えて、暖を与えたという。

事故後は生存者の一人として、女性や子どもの生活を向上させるための社会活動なども行ったブラウン夫人。その富は、自分が窮地に陥ったときに他人を思いやれる彼女らしく、慈善活動にも多く使われた。

第93位

サルバドール・ダリ　Salvador Dali 1904-1989

最愛の妻に古城をプレゼント

15秒で1万ドルを稼ぐ

シュルレアリスムの巨匠、サルバドール・ダリ。

天才の名をほしいままにしたスペインの画家は、莫大な富を稼ぎ出した。それは絵画による収入だけの話ではない。長い髭をトレードマークにした奇人アーティストをマスコミが放っておくわけがなかったし、ダリもまた天才画家としてのイメージを振り撒くために、メディアを巧みに利用した。

そのギャラも破格のもので、15秒のテレビのCMに出演して、1万ドルを稼ぎ出したこともあった。年収は1970年までに手取りで50万ドル（約7億円）を超え、財産は1000万ドル（約100億円）をも上回ったといわれている。

そんなダリは、どこへ行くにもタクシーを使った。それだけの資産があれば当然だが、小銭のことがよくわからず、全部チップとして与えながら、こんなことを言っていたという。

「30歳を超えて地下鉄を使う奴は敗者だ」

そんなダリが生涯のパートナーとして愛したのが、妻のガラである。

ダリにとって、ガラはミューズ（女神）であり、彼女のためにダリは中世の城を買い取って、プボル城をプレゼントしている。

ガラに先立たれると「人生の舵を失った」とダリは意気消沈。友人もテレビもラジオも遠ざけ、この城に引きこもって暮らした。

第92位

国宝が欲しいよ～

川端康成［かわばた やすなり］1899-1972

骨董品を買いまくったノーベル文学賞作家

『伊豆の踊子』『雪国』などで知られる、ノーベル文学賞受賞作家の川端康成は、骨董品の収集へ金をつぎ込んだ。1968年から2年連続で長者番付に名を連ねた川端の年収は、今の物価で約2億円。気に入った作品があれば、その場で値段も確認せずに「これください」と言って、手持ちがなければツケで高価な芸術品を購入していた。

川端の死後、そのコレクションを調べたところ、一級品と思われるものだけで約200点にも上った。そのなかには国宝指定の池大雅《いけのたいが》・与謝蕪村の「十便十宜図《じゅうべんじゅうぎず》」、浦上玉堂《うらかみぎょくどう》の「凍雲篩雪図《とううんしせつず》」をはじめ、岸田劉生の「麗子喜笑図《れいこきしょうず》」、ロダンの「女の手」、小林古径の「千羽鶴」装丁原画などがあり、なかでも「十便十宜図」は国宝であり、現在の時価で3000万円を下らないともいう。川端は、骨董品について『天授の子』で次のように語った。

「私は自分の生のみすぼらしさ、つたなさがあわれでならなかった。夜通しの仕事の机にも小さい美術品をおいて自分を支えた。それはロダンの女の手であったり、(略)織部の手鉢であったり、藤原か鎌倉かの女神の像であったりした。自分のものばかりでなく、借りものもあった。古いものほど新しい力があった。私は時を超えた美を感じる一方時代の宿命を感じた」

古い美術品に魅せられた富豪たちの気持ちも、川端のこの言葉に近いのかもしれない。

第91位

美術品を管理するスタッフだけで20人

ウィリアム・ランドルフ・ハースト　William Randolph Hearst 1863-1951

わざわざ5階建ての倉庫を購入

アメリカの新聞王、ウィリアム・ランドルフ・ハーストが、愛人マリオンのために映画会社を作り、豪邸を贈り、動物園まで作ったことはすでに書いた（第7位参照）。ハーストはさらに大統領選やニューヨーク州知事選に出馬し、政治的な権力を得ようとするが、あえなく落選している。

そんなハーストが夢中になったのが、美術品のコレクションである。

しかし、オークションで大量に高値で買い込む姿は、とても芸術品を愛している姿には見えず、実際のところ、ハーストは自分がどれだけの美術品を所有しているのかを把握していなかった。芸術作品のコレクターとして存在感を発揮すること自体が目的だったのかもしれない。

うなぎ上りに増えていく美術品は、もはや自慢の城にすら収まりきれず、ハーストは作品を保管するために、5階建ての倉庫まで購入している。

さらには、インターナショナル・スタジオ・アーツ・コーポレーションという会社まで設立して、美術品の管理にあたった。スタッフ数は、事務員・カメラマン・梱包係・出荷係と実に20人にも上ったという。ここまでして、個人のコレクションを管理するという発想が尋常ではない。何があるのか把握できるようにリストは作られたが、記録するそばから、ハーストが新たな芸術作品を買ってくるため、最期まで完成することはなかった。

COLUMN 9

実は長寿だった大富豪たち

破天荒な伝説が多い大富豪たちは、「太く短く」生きたと思われがちだ。睡眠時間を削ってハードに仕事をして資産を築く様は、いかにも生命の残り火を燃やしているかのようである。

しかし、大富豪たちの寿命を調べてみると、意外と多いのが「太く長く」生きたというケースだ。本書で紹介したなかでも、そんな欲張りな富豪が何人もいる。

自動車王で偏屈な人物として知られる**ヘンリー・フォード**は、**83歳**まで生きた。周囲の意見を聞かずに自分の意見を無理矢理にでも押し通しては、トラブルを起こしてきたフォード。だが、その頑固さがあったからこそ、誰もが失敗すると考えた格安の自動車、T型フォードの量産を成し遂げることができた。

石油王の**ジャン・ポール・ゲッティ**も、同じく**83歳**まで生きている。自宅に公衆電話を引いて来客からお金をとるほどケチだったゲッティは晩年、何かと遺産の取り分をちらつかせては、周囲の人間をコントロールしようとした。心の底では彼が死去するのを待っていたような人も少なくなかっただろうが、そういう人こそ、なかなか死なないものだ。

周囲を散々に振り回した横暴ぶりでは、新聞王の**ウィリアム・ランドルフ・ハースト**も負けてはいない。多くのメディア媒体を傘下に置き、捏造報道も何のその。愛人をスター女優にするために映画会社まで作ってしまうなどやりたい放題のハーストは、なんと**88歳**まで存命。政治家になろうとしたり、価値もわからないのに高い美術品を買いあさったりと、自己顕示欲の強さから周囲からひそかに失笑を買うことも多かったが、その過剰なパワーが寿命を延ばしたに違いない。

さらに、長寿の大富豪たちもいる。

まずは、**90歳**まで生きた大倉財閥創始者の**大倉喜八郎**。亡くなる数年前に山に登りたいと言って周囲を困らせたのは、本書で紹介した通りだ。長生き体質も遺伝するのか、息子の**大倉喜七郎**も**81歳**まで生きた。

また、「経営の神様」と呼ばれた**松下幸之助**は、**94歳**まで生きている。若い頃は、肺尖カタルを患い、医者から、「とても50歳まではもたない」と言われたり、長きにわたって不眠に苦しめられたりと、決して健康体とは言いがたかった。

そんな幸之助が長く生きられたのは、ほかでもない仕事の力ではないだろうか。

デザイナーの**ココ・シャネル**も**87歳**まで生きたが、死ぬ直前まで働いていた。「みんなが休む日曜日が嫌い」と言うほどワーカホリックで、幸之助もそんなタイプの経営者だったように思う。

最後に、**97歳**まで生きたのが、最大の石油王ともいわれる、アメリカの**ジョン・ロックフェラー1世**である。100歳までもう間近だった。

長生きしたいと「ロックフェラー医学研究所」を設立するなど、並々ならぬ健康への興味が、実を結んだといえるだろう。

第90位

橋、架けとく？

淀屋　初代・淀屋常安［よどやじょうあん、つねやす］1560? -1622

橋や地名として残った豪商の名

大阪・御堂筋の土佐堀川に架かる、中之島と船場側を結ぶ「淀屋橋」。この橋を架けたのが江戸時代を代表する豪商、淀屋である。

淀屋の初代である淀屋常安は武士の出身だったが、豊臣秀吉の世になると、大阪に移住。材木の商いや土木事業、そして打ち捨てられていた鎧、兜、刀剣、馬具などの処分で大きな利益を上げた。さらに、米の取引所を開設。この新たな事業でさらに資産を増やしている。

後世に残る事業としては、常安は大阪の中心部を砂州から陸地として開墾して、現在の中之島を形作った。現在の中之島4丁目から6丁目にかけての地域がもともと「常安町」と呼ばれていたのも、彼の名前が由来している。

2代目の淀屋言當《げんとう》は、青物市を京橋南詰にある淀屋屋敷で開催。整備した中洲の中之島に設立した米市もますます盛んになり、多くの大名の蔵米を扱った。

淀屋米市が門前市を成すほど人気を博したため、利便性のために、自費で土佐堀川に架けることになったのが「淀屋橋」だ。その費用など残っていない記録も多いが、「淀屋がかけた橋」が「淀屋の橋」となり、現在の呼び名「淀屋橋」になったそうだ。

今一度、「淀屋がかけた橋」という原点に帰って、橋や周辺地域を歩いてみると、江戸に活躍した豪商の息遣いが感じられるかもしれない。

第89位

服が多すぎて1日に40回も着替えた

ベリー・ウォール　Evander Berry Wall 1860-1940

ダンディ男のこだわりファッション

キング・オブ・デュード――。

おしゃれへの並外れた情熱から、そう呼ばれたのが、アメリカの大富豪、ベリー・ウォールである。

1860年にマンハッタンで生まれたウォールは、18歳のときに100万ドル以上の資産を家族から受け継いだといわれている。多大な財産を持って彼は、人生のほとんどをパリの地で過ごした。

高級レストランで水のようにシャンパンを飲むといった贅沢三昧の生活を送ったウォールが、とりわけこだわったのが、自身の服装である。持っている上着やズボンは500種類にも及び、さらに5000本のオーダーメイドのネクタイを専用のクローゼットにしまっていた。ズボンもロンドンの有名店で仕立てたオーダーメイドのものだった。

そんな数があっても着こなせるのかと思われるかもしれないが、心配ご無用。彼は、1日に6回着替えるのが基本だったからだ。そのために投資した費用は、5万ドル（約5億円）。ここには含まれていないが、クリーニング代もばかにならなかったことだろう。

あるときは友人との賭けで、1日に40回の着替えにも挑戦して、達成したともいわれている。睡眠や入浴の時間を除けば、20分に1回くらいの頻度だろうか。もはや贅沢なのかどうかもわからないが、世界に大富豪多しといえども、着替えの回数で逸話になっているのは、彼くらいだろう。

第88位

ダイヤ大好き、キラキラ大好き！

ジム・ブラディ　James Buchanan Brady 1856-1917

女優に1万ドルの自転車をプレゼント

南北戦争が終結した1865年から1893年の大不況までの28年間は、アメリカで資本主義が大きな発展を遂げ、好景気に沸いていた。いわゆる「金ぴか時代」と呼ばれている好況期だが、ジム・ブラディはそんな時代の追い風を受けて、セールスマンから大実業家に成り上がった。

ダイヤモンドを愛した彼は毎日ダイヤモンドを身に着けており、その総量は83カラットにも及んだ。寝巻きのシャツとチョッキ、カフスのボタン一式にすら、8万7315ドル投じていたという。

そんなジム・ブラディがお気に入りの女優のリリアン・ラッセルにプレゼントした自転車は、ダイヤモンド、サファイア、ルビー、エメラルドが車輪のスポークに飾られた特注品。ハンドルには真珠貝が散りばめられ、その額は推定1万ドル。彼女がこの自転車に乗っていると多くの見物客を集めたというが、それも当然だろう。

気前よく女性に宝石を贈りながらも、生涯独身を貫いたブラディ。亡くなった後、宝石は親しい友人に相続され、そのほかは慈善事業に寄付されることになった。ブラディが所有していた宝石は200万ドルともいわれている。

ちなみに、ブラディはリリアン・ラッセルに、ティファニーに特注して「黄金のおまる」も贈ったとか。恋は盲目とはいえ、大富豪ともなると、その暴走ぶりも半端なものではすまないようだ。

第87位

エミール・イエリネック　Emil Jellinek 1853-1918

メルセデスは娘の名前だった

「メルセデス」を愛した親バカ大富豪

生まれる前は、自分だけはなるまいと思っていても、実際に子どもができれば、つい思ってしまうのが、親バカという病だ。

オーストリアの資産家エミール・イエリネックは1890年代後半に自動車と出会うと夢中になった。「もっとスピードが出る自動車はないか」とメーカーを渡り歩いた結果、ドイツのダイムラー社に白羽の矢を立てた。

ドライバーとして大会に出るほど自動車に傾倒していたイエリネックは、高性能のレーシングカーの製作を依頼。技術者ウィルヘルム・マイバッハにさまざまな注文をつけて、最高速度90キロという当時最速のスピードを実現させた。ここまでならば、並みの富豪でもできるかもしれないが、イエリネックは35台を購入することと引き換えに、ヨーロッパとアメリカでの販売権を持つという協定を結び、新しい車のブランド名まで提案している。

それは「メルセデス・ベンツ」。今や車好きでなくても誰もが知っている名前だが、これはイエリネックが娘のメルセデスからとって付けたものだった。そこには、イエリネックのこんな考えがあったのだという。

「好きになって愛してもらうには、クルマは女性の名前でなければならない」

男性愛好者の心理をよくついた言葉だ。しかし、その発想で自分の娘の名前を選ぶところが、すごい。

第86位

新婚1年目、15億貢がれました

ジャクリーン・ケネディ　Jacqueline Lee Bouvier Kennedy Onassis 1929-1994

1分で300万ドルを使う女

簡単に大富豪になるためには、すでに大富豪である人のパートナーになるという手がある。

フランス系移民家系に生まれ、株式売買人の父、銀行頭取の娘である母を持つ、ジャクリーンは上流階級の生まれだった。だが、彼女が新聞社に勤務しているときに出会い、結婚にまでいたった上院議員は彼女をさらなる高みへといざなうことになる。

その上院議員の名は、ジョン・F・ケネディ。ジャクリーンと結婚して、8年後に第35代アメリカ合衆国大統領となる人物だ。浪費癖があったジャクリーンは、夫が大統領になると、散財がエスカレートしていく。ホワイトハウスでの最初の1年と3ヶ月で、ジャクリーンは実に5万ドルの金を使ったと新聞に報じられたこともあった。

1963年にケネディが暗殺されると、ジャクリーンは5年の未亡人生活にピリオドを打ち、39歳のときに62歳の海運王オナシスと再婚。年の離れた妻が可愛くて仕方がなかったのか、オナシスはルビーの結婚指輪とイヤリングをセットで贈って、120万ドルもかけている。ジャクリーンが1年間でオナシスから贈られた宝石は、500万ドル相当、約15億円にも上ったという。

「1分で300万ドル使う女」と言われたこともあった。恐るべしジャクリーン。

第85位

ゴルフにはまりすぎて

ハッサン2世　Hassan II 1929-1999

王家2代にわたるスポーツ芸術振興

1956年、モロッコはフランスから独立を果たす。独立運動の先頭に立ったムハンマド5世の後を継いだのが、ハッサン2世である。

モロッコの近代化に尽力したハッサン2世。渡米したときにゴルフに夢中になって、観光誘致にも活用できると考えたようだ。世界的に有名なゴルフ場設計家のロバート・トレント・ジョーンズ・シニアにこんな依頼している。

「夢のようなゴルフコースを作ってほしい」

1971年、首都ラバトに「ロイヤルゴルフダルエスサラーム」というモロッコで初めてのゴルフ場が完成。イギリス首相のウィンストン・チャーチルや、俳優のショーン・コネリーなど世界各国のVIPを招いた。さらに、プロアマトーナメントも開催。王の名を冠したゴルフツアー「ハッサンⅡゴルフトロフィー」は、ハッサン2世が亡くなって10年以上経つ今も続けられている。

現在は、ハッサン2世の後を継いだムハンマド6世が国王を務める。王室の資産は25億ドル（約2000億円）にもおよび、国内には17箇所の巨大な王宮を所有しているという富豪ぶり。なかでも首都ラバトにある王宮は、敷地が44ヘクタールもあり、東京ドーム約10個分という広さを誇る。

父がゴルフを通じて海外客を誘致したように、ムハンマド6世は「マラケシュ国際映画祭」を主催し、諸外国との交流を図っている。

第84位

マンゴーが好きすぎて

アハマド・ザキ・ヤマニ　Ahmad Zaki Yamani 1930-

新聞で誤報されるにも理由がある

サウジアラビアの石油相を務め、1973年の石油危機を境に「世界で最も影響力を持つ政治家の一人」ともいわれた、アハマド・ザキ・ヤマニ。OPEC(石油輸出国機構)のリーダーでもあった億万長者のヤマニが、ある日、イギリスのハロッズ百貨店に現れて大金を支払った、と新聞で報道された。

『ヤマニ』(ジェフリー・ロビンソン著)によると、それはこんな暴露記事だった。

「ハロッズ百貨店は、数日前、ヤマニが10代の娘二人を連れて買い物に来られるように、店を夜遅くまで開いておくことに決めた。一般大衆は閉め出され、特定の売場の店員がヤマニと娘たちの買い物に付き合ったが、この3人は、75分間で3万5000ポンドを越えるお金を使ったという」

だが、真相は単に閉店間際の買い物が終わるまで30分程度で、金額も大したものではなかった。

とはいえ、そんな噂を立てられるだけのことはあって、ヤマニの買い方は、豪快そのもの。南米を旅行したときのことだ。空港に向かう車で、マンゴーを積んだ屋台を発見すると「屋台全部でいくらか」と聞いて、相手を面食らわしたうえで、本当に買い占めてしまっている。しかも1台ではなく、屋台2台分のマンゴーをすべて買って、飛行機で輸送させたというからすごい。ヤマニは、外で食事するときも、ウェイターにメニューを全部持ってこさせてしまうことも多かったという。

第83位

伝説の引きこもり

ウィリアム・トマス・ベックフォード　William Thomas Beckford 1760-1844

不幸を忘れるために富豪がしたこと

ウィリアム・トマス・ベックフォードは、ゴシック小説で奇書ともいわれる『ヴァテック』一巻を著わしたイギリスの作家。ロンドン市長を務めたこともあるホイッグ党の政治家の父と、スチュアート家の末裔《まつえい》の母との間に、1760年に生まれた。

英才教育によって、ギリシャ、ラテンの古典語や、数学、音楽、絵画、建築学を学んだ。10歳のときに父が亡くなると、母はベックフォードを激しく溺愛。同年輩の友人はほとんどいなかったという。

やがて父の生前の威光によって、下院議員になるも、男爵の爵位を得る前に、男色のスキャンダルによって失脚。また、長女が誕生直後に妻が産褥熱《さんじょくねつ》によって他界するという不幸に見舞われると、「妻殺し」の疑いを新聞に書かれた。ベックフォードは事実上、社交界から追放されることになる。

「ある者は不幸を忘れるために酒を飲む。私は飲まない。建てるのだ」

その言葉通り、ベックフォードは1796年から10年にわたって、宮殿づくりに情熱を傾ける。最初に高さ4メートルの壁を作って、領地の周囲12キロを取り囲む。周囲から全く見えない状況にしてから、ゴシック式で陰鬱な雰囲気の僧院を建築家に作らせて、1807年に完成させた。尖塔は200フィートの高さにも及んだという。

ほとばしる情熱を感じるが、完成後にはあっさりと売却。84歳でひっそりと亡くなった。

第82位

わたしはあんたを忘れはしない

ヘンリエッタ・E・S・ギャレット　Henrietta E. S. Garrett 1849-1930

夫を亡くして止まった時間

アメリカの資産家夫人、ヘンリエッタ・E・S・ギャレットは、ここまで紹介してきた大富豪たちの99のエピソードのどれにも当てはまらない。彼女は、1700万ドル（約1億4000万円）もの財産がありながら、ほとんど邸宅から出ず、お金を極力使わなかった。1895年に夫を亡くしてから、生きる希望を失ってしまったのだ。

ヘンリエッタはフィラデルフィアのスラム街に住む移民の娘だった。ちょうどそのとき「嗅ぎ煙草王」として知られるギャレット家の当主ウォルター・ギャレットがボランティアで消防団をしていたため、18歳年下のヘンリエッタと出会う。二人は身分の差を越えて結婚。子どもはいなかったが、幸せな結婚生活を過ごした。自分と結婚するために、それまでの家庭や仕事のつながりを捨てた夫の存在は、彼女にとってあまりにも大きかった。

ヘンリエッタは、夫が生きていたときと同じ状態で邸宅を維持した。電話が普及しても取り付けず、漏れてきた銅管さえ交換しなかった。3人いた召使いにも、夫が亡くなった頃までに流行していた服や靴を身に着けさせていたくらいだ。

1930年に彼女が亡くなると、遠い親戚も含めて訴訟があちこちで起こされた。泥沼訴訟の結果、800万ドルが親戚間で分けられ、400万ドルはアメリカ政府に没収。天国のヘンリエッタにとってはさぞ滑稽な争いだったに違いない。

第81位

固定電話が400台ある家

アルワリード王子　Al-Walid bin Talal bin Abdul Aziz Al Saud 1955-

「資産2兆円」と報道されて激怒した王子

裕福な家に生まれ、ビジネスでも成功を収めて大金持ちになったのが、サウジアラビアの王族アルワリード王子である。

まず血筋が超一流だ。なにしろ、父方の祖父はサウジアラビアの初代国王で、母方の祖父はレバノンの初代首相である。「殿下」と呼ばれる身分のアルワリードは、何ひとつ苦労することなくリッチな人生を過ごせる身分にもかかわらず、熱心にビジネスにも打ち込んだ。

会社を興すと、王族とのコネクションを武器に次々と公共事業の下請けを行い、莫大な利益を獲得。海外企業のスポンサー業でも稼ぎに稼いで、銀行への投資事業でも結果を残す。1991年にシティバンクが経営に危機に陥ると、株5％を取得する条件で、6億ドルの資金を提供。ホワイトナイトとしてシティバンクを窮地から救った。

私生活では、4万3000平方メートルの豪邸に住み、プールは屋内と屋外にあることはもちろん、45人も収容できるミニシアターも完備。ボーリング場やテニスコートもあり、部屋数は実に300以上。電話機だけで400台あるという。

米誌『フォーブス』の長者番付で、アルワリードの資産は200億ドル（約2兆円）とされたが、実際は296億ドルであり、少なく計算されたのは中東を軽視しているからだと、ご立腹だとか。クレームの内容からして桁違いである。

第80位

尋常じゃない、あしながおじさん

スチーブン・ジラード　Stephen Girard 1750-1831

アメリカ政府を二度救った男

1750年にフランスのボルドーで生まれたスチーブン・ジラードは、アメリカにおける最初のミリオネアといわれている。船長の給仕から昇進して、22歳で船長の免許を取得。フィラデルフィアを拠点にして貿易商人として活躍し、独立戦争後に大儲けしたが、その資産がアメリカ合衆国を救うことになる。

2回目の米英戦争の終わりが見えてきた1813年のことだ。財政難に陥った政府は500万ドルの公債を発行し、資金を調達しようとしたが、戦争の最中には、わずか25万ドルしか集まらなかった。そんな国家のピンチに、ジラードは「500万ドルの全額を引き受けよう」と明言。その行動を見て安心した投資家が、次から次へと公債に応じたため、無事に資金を調達することができた。ちなみに、ジラードは1810年の恐慌時にも、100万ドルをロンドンからアメリカ合衆国の銀行に移すことで、恐慌が広がることを防いでいる。

二度にわたって、アメリカを救ったジラードが、富の大部分を費やしたのが、孤児院の「ジラード高等学校」の設立である。設立費に200万ドルも投じただけではなく、土地や家屋も寄付した。今の額にして410億円といったところだろうか。『ニューヨークタイムズ』紙が2007年に発表した「最も裕福だったアメリカ人」では、830億ドルの資産があったとして、4位にランクインしている。

第79位

娘に日本一豪華な婚礼道具を持たせた

徳川家光［とくがわいえみつ］　1604-1651

国宝「初音の調度」

二人の娘に巨額の持参金を持たせたのはスズ王のパティニョだが（第41位参照）、巨万の富を誇る徳川家の婚礼道具も負けてはいない。

それは、徳川幕府第3代将軍である徳川家光の娘である千代姫が、わずか3歳で、尾張徳川家2代の光友のもとへ嫁ぐことになったときのこと。

千代姫が持たされた輿入れ道具は、将軍家の威信をかけた大変豪華なものであった。とりわけ金・銀を贅沢に使った「初音の調度」は、「源氏物語」の初音の巻をモチーフにしたもので、金粉銀粉を撒いて漆で固めた「蒔絵《まきえ》」技法を使った机、料紙箱、耳盥・輪台など豪華な品々が含まれており、国宝にも指定されているくらいだ。そのうえさらに、祖父・家康から譲り受けた141個の真珠を花々に見立てた「真珠貝玉箱」も持たされたという。

これだけ力を入れた背景に、家光が男色家で、なかなか世継ぎが生まれず、周囲がやきもきしていたことがあるだろう。男色自体は、当時は珍しいことではなかったが、世継ぎを期待される将軍となれば話は別だ。

それだけに、家光が34歳のときに、側室であるお振の方が家光の子を宿したときは、関係者の喜びもひとしおだったに違いない。

「初音の調度」は、一日中観ても飽きないことから「日暮らしの調度」とも呼ばれた。「日本一豪華な婚礼道具」といって間違いないだろう。

第78位

俺んとこ来ないか？

徳川頼貞［とくがわ よりさだ］ 1892-1954

1年の経費は3億以上

紀州徳川家、第16代当主の頼貞は、華麗な貴族生活を送ったことで名を馳せている。

頼貞が家督を継いだのは、15代当主の徳川頼倫《よりみち》が没した大正14年のこと。当時の金で3000万円以上の財産を相続した。今の金額にすれば、190億円くらいになるだろう。相続税に80万円がかかったが、それを支払うために、頼貞は伝来の家宝や什器などを売りに出している。そのなかにあった約4・3キロある純金の茶碗は、大きな話題を呼んだ。

ハイカラな生活を好んだ頼貞は、フランス料理が大好き。大阪のホテルでフランス料理を食べたときは、あまりにも気に入ったため、コックをそのまま自分の家へ連れて行ってしまったという。

実際に欧州の地を訪れたことも三度ある。1930（昭和5）年の三度目となる欧州旅行では執事・運転手付きという豪華さで、その派手な金の使いっぷりから、欧州の社交界では「マルキ・トクガワ」の異名で有名になった。ちなみに、そのときに頼貞がコレクションした作曲家の楽譜や資料は、私設図書館「南葵文庫」で閲覧できる。

とはいえ、頼貞なりに努力し、第15代当主の徳川頼倫のときには、使用人が70人もいたところを、頼貞はたった4人にまで減らしたのだ。にもかかわらず、1年の経費は、頼倫も頼貞も約50万円（現在の価値で3億1千万円）。頼貞の代で、財産が底を付いたのも無理はないだろう。

第11位

犬の大晩餐会

第8代ブリッジウォーター伯爵 Francis Henry Egerton. 8th Earl of Bridgewater 1756-1829

犬1匹につき12足のブーツをそろえた

セレブが開くパーティには奇抜なものが多いが、第8代ブリッジウォーター伯爵、フランシス・ヘンリー・エジャートンが主催するものほど変わった晩餐会はなかなかないだろう。

ブリッジウォーター伯爵は、1756年生まれのイギリスの貴族。イギリス学士院の会員で、大英博物館に貴重な古書を寄贈するなど教養人であった。年収は4万ポンドもあったという。しかし、その一方で、彼は相当な奇人としても知られていた。

それもそのはず、伯爵は人間ではなく犬たちを招いて、晩餐会を行ったのである。ドレスコードもきちんと守らせて、あるときはブリッジウォーター家の黄色を、あるときは狩り用のピンクの衣装をまとわせた。それればかりか靴や靴下までも、当時の最先端の流行のものをあてがっている。

犬たちの衣装を選ぶだけでも、さぞ大変な作業だっただろう。なにしろ、伯爵は犬1匹につき12足も靴を持っていたのである。森を散歩させる際に、自分のファッションに合うような犬の靴を選ぶのが、楽しみだったようだ。

犬に着せるだけではなく、伯爵自身もファッションへのこだわりが強く、ブーツは365足も持っており、2日同じブーツを履くことはなかった。

保管も大変そうだし、なにより面倒そうだが、1日6回着替えたベリー・ウォールと同様に、伯爵にとってはそれが譲れないスタイルだったのだろう。

第76位

CNN創業者が飼う4万5000頭の野牛

テッド・ターナー　Ted Turner, Robert Edward "Ted" Turner III 1938-

アメリカで広大な土地を持つCNN創業者

テッド・ターナーは、世界初のニュース専門局CNNを創設したアメリカの実業家。

24歳のときに父が自殺したため、ターナー広告社を継いで、放送局事業に参入。1991年の湾岸戦争のときに生中継放送を行って一躍、メディア界の寵児となった。

『フォーブス』誌の2012年度世界長者番付では、20億ドルの純資産を持っていることが明らかにされたが、それよりも注目すべきは、米国本土でターナーが所有する土地の広さである。全米各地に200万エーカー以上の土地を持っており、米国土地長者のランキング「ランドレポート100」において、長きにわたって1位の座に輝いた。

200万エーカーといえば、お馴染みの東京ドーム単位にすると、実に62万2615個分である。

そこでターナーは野生動物と環境自然保護のため牧場を経営。4万5000頭以上の野牛を飼育し、ステーキハウス「テッズ・モンタナ・グリル（Ted's Montana Grill）」を全米に展開している。

ちなみに、先に挙げた「ランドレポート100」だが、2012年度のランキングでは、ターナーが2位に転落するという波乱が起きた。代わりに1位になったのは、リバティメディア会長のジョン・マローン。彼もまた、所有する220万エーカーの土地に樹林を植えるなど、ターナーと同じく、自然の保護を積極的に行っている。

第75位

趣味の馬主で1800勝

マルセル・ブサック　Marcel Boussac 1889-1980

馬のブリーダーとしても大活躍した

「これだ！」と思うことへの行動の熱量が桁外れ。繊維王と呼ばれたマルセル・ブサックはそんなタイプの富豪だった。

1889年、フランスに生まれたブサックは、若くして家業の繊維業界へと身を投じる。第一次世界大戦が勃発すると、兵隊の防寒のために綿製品を求める政府からの注文が殺到。ブサックは、この好機に事業を一気に拡張させていく。

29歳のときには、繊維業界で確固たる地位を築きつつあったブサック。その翌年、パリ郊外にあるサンクルー競馬場やフレズネイ・ル・ビュファール牧場を購入し、趣味の競馬への傾倒も強くなる。

1946年、47歳になったブサックは、ブランド「クリスチャン・ディオール」へ出資。パトロンとしての先見の明があったのか、その翌年にクリスチャン・ディオールが「ニュールック」で一代センセーショナルとなる。ブサックの資産は磐石のもととなり、銀行や電機メーカー、新聞社などを次々と傘下に収めた。

その一方で、競走馬の馬主として、フランスとイギリスで実に1800もの勝利を収めた。「リーディング」というオーナー、ブリーダーとしての最高名誉に30回以上輝いている。

絶好調のブサックだったが、88歳で繊維事業が不振に陥り、破産。2年後に他界するが、やりたいことをやりきった人生に後悔はなかっただろう。

第74位

ビル・ゲイツ　William Henry "Bill" Gates III 1955-

結婚式のためにラナイ島のアクセスを支配

ホテルの部屋を全室貸し切った

大富豪になれば周囲にちやほやされる代わりに、大きなものを失う。プライバシーである。

マイクロソフト創業者であるビル・ゲイツは、『フォーブス』誌の2013年版世界長者番付で、670億ドル（約6・2兆円）の資産で第2位に輝いた。1位の座こそメキシコのカルロス・スリム（資産730億ドル、約6・8兆円）に譲ったものの、世界有数のビリオネアとして誰もが知る人物である。

世界中のどこに行っても気が休まることはなさそうだが、身内だけで静かに過ごしたいときもあるだろう。その最たるイベントが結婚式だ。

これだけの資産がありながら、飛行機ではなるべくエコノミークラスに座るようにするなど、倹約家として知られるビル・ゲイツも、このときばかりは金に糸目を付けなかった。

ビル・ゲイツは1994年の元旦に、ハワイのラナイ島のホテル「フォーシーズンズ・リゾート・ラナイ・アット・マネレ・ベイ」で結婚式を挙げた。ちなみに、お相手のメリンダは元マイクロソフトの社員であり、いわゆる社内結婚である。

ゆっくり過ごしたいと考えたビル・ゲイツはなんとホテルの全250室を貸し切ってしまった。さらに、ラナイ島近辺のヘリコプターやフェリーもすべてチャーターし、制空権と制海権を握ってしまったというから驚くばかり。この荒業には、報道陣もお手上げだったに違いない。

第73位

そして、その島を買った男

ラリー・エリソン　Lawrence Joseph Ellison 1944-

ラナイ島を約285億円で購入

　富豪は島に魅せられる。ラリー・エリソンもその一人である。彼は、大手ビジネスソフトウェア企業であるオラクル・コーポレーションの共同設立者で、CEOを務めている。

　買った島は、ビル・ゲイツが結婚式を挙げたラナイ島。ハワイの有人島の中では最小の島のひとつである。広さは、約365平方キロメートルと日本一大きい湖、琵琶湖の半分以上の大きさになる。ラリーは2012年、このラナイ島の98%を3億ドル(約285億円)で購入。今後は地元の住民の意見を聞きながら、豊富なパイナップル畑などを生かした理想の環境を作り上げる予定で、『ウォール・ストリート・ジャーナル』によると、こんなプランも語っている。

「最も上質のグルメ向きマンゴーやパイナップルを育て、アジアや北米にそれらを1年中輸出できる地球上で最適の天候と土壌がある。花も育てて輸出し、フランスのグラースで行われているように、昔ながらのやり方で花から直接香水を作ることもできる。島には有機栽培のワイン醸造所に最適な場所も数か所ある」

　ニューヨークのマンハッタンのイーストサイドで婚外子として生まれたラリーは、シアトルの裕福な資産家に育ったビル・ゲイツのことを「大嫌いだ」と公言してはばからないだけに、違うタイプの二人が同じ島に思い入れを持ったのは興味深い。

第72位

無人島にLED国家を樹立?

ディーン・ケーメン　Dean Kamen 1951-

セグウェイの発明家が夢見る王国

自分だけの王国を築きたい――。

男なら少年時代に一度は見た夢を実現させるべく、環境を整えているのが、電動立ち乗り二輪車「セグウェイ」の発明者であるディーン・ケーメンだ。輸液ポンプ「Auto Syringe」や電動車椅子「iBOT」といった発明をしたことでも知られている。

ケーメンは1986年、コネチカット州沖に浮かぶ無人島を購入した。お値段は2500万ドル(約2億5000万円)で、面積1・2ヘクタール。

彼はこの島を「Kingdom of North Dumpling」(ノース・ダンプリング王国)と呼んでいるばかりか、自身で「ノースダンピング2世」と名乗るなどテンションは上がるばかり。

さらに、ケーメンは風力・太陽光発電で電力を完全自給自足しようと、2008年に島の光源をLEDにすべて変えて、消費電力カットに成功している。今でこそ普及率が上がってきたLEDだが、当時の日本では約3%しか普及していなかったことを考えると、新しもの好きのケーメンらしい試みである。

本人の言葉を借りると「世界初のLED国家」を作ってしまったケーメン。発明家らしい突飛な発想で島、いや、王国をこれからも彩っていってくれるだろう。

第71位

俺んち、高さ173メートル

ムケシュ・アンバニ　Mukesh Ambani 1957-

800億円の大豪邸はまるで商業施設

マンションか一戸建てか、などと悩んでいる庶民が馬鹿馬鹿しくなるような豪邸に、インドが誇る大富豪ムケシュ・アンバニが住んでいる。

アンバニは、父が経営する小さな繊維会社を引き継ぎ、石油や天然ガスといったエネルギー分野に進出して荒稼ぎすることに成功した。その資産は220億3000万ドルで、約1兆8640億円！

それだけあれば、どんな家でも建てられるのはよくわかるが、それにしてもアンバニの家はぶっ飛んでいる。高さは173メートルで27階建て。駐車場は1階から6階まであり、167台が収容できるので、どれだけ来客があっても大丈夫だろう。ロビーにはエレベーターが9台用意されている。

そして7階にはエントランスのほか、プライベートシアター施設が登場。豪華なソファー席が50もあり、3D対応だというから、さすが映画好きのインド人である。13階には、プール、フィットネスジムも完備されているので、どれだけ引きこもっても運動不足に悩まされることはなさそうだ。

豪華なパーティールームや、雪が舞うスノールームがあるなか、アンバニ家が住むのは、20階から24階。最上階に住むのはもちろんアンバニ自身で、さらに上の屋上には3つのヘリポートまである。

合わせて建築費は10億ドル、約800億円と推定されている。豪華ではあるが、商業施設のなかに住んでいるようで落ち着かないような気も……。

第70位

インド最大の財閥

ジャムシェトジー・タタ　Jamshetji Nusserwanji Tata 1839-1904

科学研究所をインドに作った

長きにわたるイギリスによる植民地支配を逆手にとって飛躍した、タタ財閥。鉄鋼、機械、電力、セメント、化学、繊維、航空など多岐にわたる産業で傘下の企業を持つ、インド最大の財閥である。

1867年、エチオピアの君主がイギリスに反旗を翻して、30人のイギリス人を逮捕。インド軍がエチオピアに遠征されると、ヌッセルワンジ・タタは遠征軍のために、食糧や酒の輸送手段を整え、軍需品の調達を請負い、400万ルピーを手中に収めた。実はその10年前に起きた全国的な反英戦争である「インド大反乱」（セポイの乱）でも、ヌッセルワンジ・タタは軍の側についてひと儲けしており、そのノウハウをまた生かしたのである。

そんなヌッセルワンジ・タタの資産を引き継いだのが、息子のジャムシェトジー・タタ。彼もまた商才に長けており、周囲がいかに綿糸布を輸出するかと考えているときに、ジャムシェトジーは国内市場に目を向けた。1874年に紡績株式会社を設立。3年後には新工場のエムプレス工場を立ち上げ、紡績機の高速度運転を可能にし、イギリスの綿業界をもおびやかすのほどの成長を見せたのである。

人材の調達に苦労したジャムシェトジーの思いから、彼が他界して7年後、科学研究所が設立される。タタ家から年間5万ルピーが投じられ、技術者を養成するという、生前の構想が実現された。

第69位

ホレイショ・キッチナー卿　Horatio Herbert Kitchener 1850-1916

36時間で荒地を豪華パーティ会場に

インド軍総司令官が指揮した整備作戦

エジプト南部を流れるナイル川に浮かぶ自然豊かなキッチナー島。その名前の由来は、ここに住んでいたイギリスの軍人ホレイショ・キッチナーにある。彼は、ボーア戦争では総司令官を務め、スーダン総督、インド軍総司令官も歴任している。

植物採集が好きだったキッチナーは、さまざまな場所に赴任する立場を生かして、あちこちから熱帯植物を持ち帰っては、この島に植えて育てて、熱帯植物の植物園を作り上げてしまった。ちなみに、キッチナーはインドにいたときは、高度2500メートルに、スギの木立に囲まれた邸宅を構えており、いかに自然を愛したかが伝わってくる。

その情熱は自分のためだけに使われたわけではない。親交の深いカルカッタのハミルトン卿がパーティ会場を探していると聞けば、キッチナーはすぐさま800人の労働者をかき集めてインドへ。何もない荒地に地固めから指揮して、たった36時間でエメラルドグリーンの芝生と花が広がるパーティ会場を作り上げてしまった。当時のインドではまともなパーティを開ける場所が皆無で、その苦労を知るキッチナーならではの気遣いだろう。

第一次世界大戦が開戦すると同時に呼び戻され、異例の抜擢で陸軍大臣となったキッチナー。開戦当初から長期化を予想していたただ一人の人物ともいわれているが、その見通しの正確さが、この「36時間パーティ会場、整備作戦」にも現れている。

第68位

大顰蹙《ひんしゅく》の生前葬

ティモシー・デクスター　Timothy Dexter 1747-1806

何千ドルかけて自分の追悼演説を

健康で元気に生きているうちに、自分の葬式を開く「生前葬」。日本では江戸時代の文書で記録されており、1990年代に有名人が行ったことで、言葉自体は一般的に浸透することになった。

アメリカでは1806年に商人のティモシー・デクスターが、豪華な生前葬を行っている。デクスターはイギリスへの石炭の輸出でひと儲けすると、主要な橋やパイプ製造所に投資し、資産を増やすことに成功。教会への寄付活動にも力を注いだ。

しかし、私生活はうまくいっておらず、怒鳴り散らす妻とは口論ばかり。デクスターは大邸宅のあちこちにいろんな種類の時計を置くなど奇行が目立つようになった。あるときは、おもむろに博物館を建設して、ジェファーソンやフランクリンといった尊敬するアメリカの偉人の像を40人分も手彫りで作らせたこともあった。

極めつけの奇行が、59歳のときに行った生前葬。何千ドルもかけて、著名な教授や牧師を呼び、追悼演説を行わせている。事前に、豪華に印刷したチラシを撒いた効果もあったのか、当日は霊柩車の後ろに3000人以上が連なったという。宣伝のために、デクスターは空の棺桶を6台のサラブレッドに引かせるというパフォーマンスも行っている。

生前葬の最中、当の本人はというと、自分の死に涙する人を2階から見下ろしては、自身の瞳も濡らしたという。馬鹿馬鹿しいにもほどがある。

第67位

あの富豪の娘が作った美術館

ガートルード・ヴァンダービルト・ホイットニー Gertrude Vanderbilt Whitney 1875-1942

ビル自体がアートなホイットニー美術館

アメリカ現代アートに触れたいならば、ニューヨークのマディソン街945番地にある「ホイットニー美術館」に足を運ぶのがよいだろう。

上階になるほど床面積が広くなるという奇抜な5階建てのビルには、20世紀以降のアメリカ人アーティストの作品が多く展示されている。

この美術館が誕生したのは1931年のことで、はじめはニューヨークのグリニッチ・ヴィレッジ西8丁目に開設されていた。創設したのは、ガートルード・ヴァンダービルト・ホイットニーだ。名前を聞いてぴんときた人がいるかもしれない。鉄道事業で財を成したヴァンダービルト2世の娘である。

ガートルードは自身もパリで彫刻を学び、芸術家活動をしながら、新進気鋭のアーティストたちと交流を重ねた。芸術家たちとの交流団体「ホイットニー・スタジオ・クラブ」が400名を超えるほど広がると、作品の展示スペースとして、私財を投げ打って美術館を建設することを決意した。

母の死後は、娘のフローラがその意思を継ぐことになる。二度の移転を経て、1966年に現在の場所に落ち着いた、ホイットニー美術館。超有名デザイナーのマルセル・ブロイヤーによって設計された建物として注目された。

現在の収蔵作品は1万9000点以上を超え、母と娘の思いは、今も多くの若きアーティストの活動を支えている。

第66位 フェルメール、レンブラント……盗まれました

イザベラ・スチュワート・ガードナー　Isabella Stewart Gardner 1840-1924

名画が盗まれたイザベラ・スチュワート・ガードナー美術館

フェルメール、レンブラント、ドガ、マネなど名だたる画家の作品13点が、美術館から盗まれた――。

アニメやドラマの話ではない。１９９０年、アメリカのボストンで実際に起きた盗難事件で、犯人はいまだに捕まっていない。盗まれた美術品は、当時で5億ドル相当で、アメリカの美術品盗難史上最高額といわれている。驚くべきは、その美術品が個人で集められたものの一部ということだ。

事件の舞台となったのは、イザベラ・スチュワート・ガードナー美術館。個人美術収集家のガードナーが、コレクションを邸宅に飾り、一般公開している美術館である。

ガードナーは夫の死後、約２３０万ドル、現在で言えば、２億３０００万ドル以上の資産が彼女に遺されたため、新たな土地を購入。１９０３年に建物が完成し、現在のイザベラ・スチュワート・ガードナー美術館が誕生した。

ガードナー自身は１９２４年に84歳で亡くなっているので、盗難事件は死後60年以上経ってから起きたことになる。

それでも彼女の影響力は決して消え去ることはない。遺言で美術品について「どの作品も動かしたり置き換えたりしてはならない」と言い残したため、盗まれた名画のあとはそのまま、空の額だけが飾られているのだ。

第69位

集めた名画は6000億円の価値

ジョン・ピアポント・モルガン　John Pierpont Morgan 1837-1913

美術館に入りきれないほどのコレクション

ジョン・ピアポント・モルガンほどの富豪になれば、名高い芸術作品も1点ではなく、片っ端から大人買いしてしまう。豪邸に興味を示さなかったモルガンは、後年ヨットに金をつぎ込むことになるが、53歳で父の遺産を相続すると、芸術作品の収集に熱を上げる。

資金にさらなる余裕ができてコレクター魂に火がついたのか、キリスト教美術・工芸品、陶磁器、中国美術のほか、宝石、金・銀細工、絵画、彫刻など多岐にわたる芸術作品を買いあさった。

それも気に入ったものを一点一点買うのではなく、コレクションごと一括で購入してしまうという豪快さ。古書を集めるのも好きで、作品を検分するためのスタッフも雇っていたくらいだった。

1904年にメトロポリタン美術館の理事長となると、膨大なコレクションを次々に寄付。それでもなお、入りきれないほどで、モルガンは次のようにも言っている。

「全資産に占めるコレクションの割合は絶大なものだから、まとめてメトロポリタン美術館に寄贈するのは不可能だ」

いったい、全部でどれくらいの価値があったか。『大富豪たちの美術館』（岩渕潤子著）によると、モルガンが死去した1913年時点で6000万ドル（現在の価値で6000億円相当）だという。

第64位

70億円で政治塾を設立

松下幸之助［まつした こうのすけ］ 1894-1989

政治塾とPHP研究所を設立した

松下電器産業（現・パナソニック）を創業した松下幸之助。わずか9歳で丁稚奉公に出されるなど困窮した幼少時代を経て、22歳で独立。一代で世界的な会社を作り上げたことから、「経営の神様」として今もなお、その功績が称えられている。

そんな幸之助が後世に残したのは、会社組織だけではない。1979年、85歳のときには70億の私財を投げ打って松下政経塾を開塾。幸之助が所有する1500坪に及ぶ京都東山の土地と引き換えに、神奈川県茅ヶ崎市の土地を手に入れて、スタートした。その結果、第95代内閣総理大臣を務めた野田佳彦をはじめに、38人の国会議員を輩出する政治塾へと成長した。

幸之助はまた、民間シンクタンク「PHP研究所」も設立。「物心両面の繁栄により、平和と幸福を実現していく」という理念に基づき、主に出版事業を行っている。社会貢献を第一に考えた幸之助はこんな言葉を残した。

「人間、ただ働くだけなら誰にでもできる。が、その仕事に意義を見出し、この仕事を通して自分は社会に貢献しているのだと感じれば、黙っていてもその働きは変わってくる」

幸之助が残した政治塾と民間シンクタンクが、今なお、日本社会に影響を持ち続けているのは、そんな社会貢献への思いがあったうえでの投資だったからにほかならない。

COLUMN 10

ニッポンの経営者に学ぶ「富豪になる発想力」

第57位では、ボールペン1本で富豪になったマルセル・ビックを紹介しているが、ささいな思い付きから、世界的な企業が生まれることもある。アイディア力で資産を築いた日本人経営者の成功から、富豪になるための発想力について考えてみよう。

日清食品の創業者、**安藤百福**は、戦後の混乱期に全財産を失ったが、48歳のときに、インスタントラーメンを開発して大ヒットを飛ばす。戦後、ラーメンを食べるために屋台に並ぶ人々の姿を見て、「味がおいしい」「保存性がある」「簡単に調理できる」「値段が安い」「衛生的で安全」の5つを満たすラーメンができれば、必ず売れると確信。お湯で麺を戻すという最大の難関は、天ぷらからアイディアを得て、麺に穴を空けることで見事にクリア。いまや日清食品ホールディングスは、売上げ3800億円以上の多国籍企業へと成長を果たした。

百福の成功例を見ると、これまでにない商品を作り出すのが、富を手にする一番の方法かもしれない。ホンダの創業者、**本田宗一郎**もそうだった。

戦後、日本がガソリン不足に陥ると、宗一郎は「ガソリンがない時代だからこそ、少ないガソリンで動くモーターバイクが必要だ」と考えて、山林を売却してまで資金を作って、小型エンジン付きのモーターバイクを発明。すると、戦後で交通機関が混乱していたことも後押しとなり、注文が相次ぐ。これが、世界に誇るホンダが誕生するきっかけとなった。1991年に84歳で亡くなった宗一郎の遺産は、184億円にも上っている。

画期的なアイディアが浮かばなければ、海外で定着しているビジネスに目を向けて、日本に取り入れるという方法もある。

ユニ・チャームの創業者である**高原慶一朗**が、生理用品と紙オムツの分野を開拓したのは、会社設立から2年目のことだった。慶一朗はアメリカで紙の生理用品が堂々と売られているのを目の当たりにし、衝撃を受けた。当時の日本では、生理用品は薬局でひっそりと売られているもので、製品も紙ではなく綿吸収のものだったからだ。

女性が生理用品を必要とするのは、アメリカ人でも日本人でも同じ。ならば、アメリカの使い勝手のよい生理用品を日本でも実現できれば、爆発的にヒットするに違いない。慶一郎がそう考えたところ、見事に当たった。

しかし、ただ海外の真似をすればいいというものではない。ナプキンを扱うことに反発した男性社員が次々と立ち去るなか、慶一朗は自らも生理用品を装着して寝ながら、製品開発を繰り返した。百福も宗一郎もそうだが、必ず成功させるという熱意がなければ、何かを成し遂げることは難しいだろう。

最後に紹介したいのは、**江崎利一**。彼は病に伏せる長男に牡蠣の煮汁を飲ませたところ、見事に回復した経験から、牡蠣の煮汁に含まれているグリコーゲンに着目。キャラメルが廃れていくなか、栄養菓子という新しい発想で「グリコ」を世に出した。日々のちょっとした気付きに立ち止まれるかどうかが成功の鍵となる。

第63位 桁違いのフランスかぶれ

アクラム・オージェ　Akram Ojeh 1923-1991

フランス人の妻まで手に入れた大富豪

莫大な財産を持てば、自分の憧れの生活をしたいと思うのは、当然のこと。中東で育ったアラブ人のアクラム・オージェは、フランスへの憧れが強く、20歳で初めてパリに留学して以来、その思いは募るばかりであった。パリのシャンゼリゼに拠点を置き、サウジアラビアの国務大臣とのパイプを活用して、軍用資材の調達で莫大な利益を上げる。ほかにもチューインガムからロールスロイスまで、さまざまな商品を扱いながら、リヤドとパリ間を行き来して、利ざやを稼ぎに稼いだ。

1975年には、T・A・Gという会社を設立して、サウジアラビア国王とのパイプを強化。オージェの財産は推定で3億フラン（約855億円）にも上ったという。

その資産で憧れのパリに邸宅を持ったことはもちろん、ロールスロイスにスポーツカー、ボーイングの航空機にヘリコプターまで数台買いそろえた。女性も選びたい放題ということで、オージェが結婚したのは、もちろんフランス人女性だ。ウイルデンスタイン美術コレクションから、フランス的な家具調度を買いまくって、新婚生活を楽しんだ。

極めつけが、大型客船「フランス」の購入で800万フラン、現在の価値にすると、約23億円を投じた。やたらと高いのは、船と合わせて乗組員を全員買ったからだ。フランスかぶれもここまでくれば、すがすがしいものがある。

第67位

そこまで根に持つ？

ジェームズ・リック　James Lick 1796-1876

復讐心で300万ドルを稼いだ

カリフォルニア州のハミルトン山頂に、90センチの屈折望遠鏡と305センチの反射望遠鏡を持つ、リック天文台がある。富豪ジェームズ・リックの寄付によって誕生した、理想の観測条件を求めて作られた初めての天文台だといわれている。

リックは、恋人との結婚を相手の親に反対されたことから、生まれ故郷のペンシルベニアを飛び出すと、南米でピアノ製作者として成功を収めた。

その後は3万ドルでそれらの利権を売り、リックは1849年にカリフォルニアへとわたって、土地を次々と購入。周囲がゴールドラッシュに沸くなか、不動産事業に集中して、1871年には300万ドルもの財産を持つほどまでになった。

1860年代には、川のほとりにレッドウッドの樹木とレンガで作った優雅な3階建ての製粉所を建設。その豪華な佇まいを写真に撮って、大昔に自分との結婚を反対した恋人の父親に送りつけている。恋人の父親もまた製粉所のオーナーだったからだ。そのためにわざわざ建てるとは、案外にじめじめした男である。

そうした復讐以外には特段大きなお金を使うことのなかったリック。80歳も近くなると、リック財団を立ち上げて、寄付活動に重点を置く。冒頭の天文台の建設もその一環であった。ほかにも、カリフォルニア科学アカデミーや機械財団図書館などにも資金援助を行っている。

第61位

エリザベート皇后　Elisabeth Amalie Eugenie von Wittelsbach 1837-1898

50人を引き連れた「放浪の旅」

専用の豪華列車で放浪した

このままどこか遠くへ行ってしまいたい。現実に打ちのめされたオーストリア皇后エリザベートはまさにそんな気持ちだったに違いない。

ウィーンでの慣れない宮廷生活に、うるさく口出しをしてくる大公妃ゾフィーの存在。夫のフランツ・ヨーゼフは彼女の望みを叶えるように努力はしてくれたが、嫁姑問題の前では無力であり、また危機的な国情を受けてのプレッシャーから、狩りに熱中する始末だった。彼女は結婚6年目、1860年に体調を崩し、大西洋の孤島、マデイラ島で静養することになった。

するとエリザベートはたちまち活力を取り戻し、さまざまな島を経由しながらなかなか帰らず、実に半年もウィーンを空けることになった。

しかし、ウィーンに戻るとまた体調がすぐれなくなるエリザベート。イオニア海のコルフ島に豪華な城「アキレイオン」を建ててもらっただけではまだ満たされず、フランス、イタリア、スイス、イギリスと各地を放浪するようになる。

大変なのは、女官や食事係りなど一緒についていく随行員たちで、50人に及ぶこともあったとか。エリザベート専用の豪華列車やクルーザーも、夫ヨーゼフに調達させている。その莫大な費用が国民の税金から賄われたのだ。エリザベートは美貌を保つための努力を惜しまなかったため、そのこだわりの美容術にも浪費は重ねられたという。

第60位バクルー公家　10th Duke of Bucclench

東京都の半分相当の土地を持つ一家

イギリス国内最大級の広さ

いかに広いかを伝えるために、「東京ドーム何個分」という表現があるが、イギリスのバクルー公家が持つ土地の広さは、そんな半端なものではない。

その所領の広さは約10万ヘクタール。約21万ヘクタールある東京都の半分弱の領地を所有していることになる。王家が持つ所領約70万ヘクタールには負けるが、エリザベス女王が個人として持つ領地ですらも、約2万ヘクタール足らず。バクルー公家が全ヨーロッパで最大の地主といわれているのも当然だろう。相続税や財産税が重くなり、貴族への逆風が吹いていても、バクルー公家は長きにわたって、この土地を守っている。

バクルー公家のルーツにあるのが、スチュアート王家3代目のチャールズ2世である。彼は歴代英国王のなかでも、ある分野で突出していた。

それは、愛妾の多さである。公認されているものだけでも13人に及び、14人の庶子をもうけた。

そして愛妾や子どもたち、親戚や一般の貴族たちなどをどんどん公爵として認めてしまう。公爵のバーゲンセールのようだが、チャールズ2世は26人に叙勲を行い、その数は歴代英国王のなかでもダントツである。そのうちの一人、ジェームズにバクルー公位を与えて、連綿と続く公家へと繁栄していく。

ちなみに、広大な土地のなかには、フランス家具がコレクションされている館もあるが、量・質ともにルーブル美術館以上ともいわれていた。

第59位

ヴァンデル家　Les Wendel

七年戦争の裏で大稼ぎ

七年戦争やナポレオン戦争で存在感を示した

資源、領土、宗教上の対立……など、国家間で争いが起きる要因はいくつかある。しかし、どんな戦争でも共通しているのは、それによって利益を得る立場のものがいるということだ。

1756年から1763年にかけて行われた七年戦争は、イギリスの支援を受けたプロイセンと、オーストリア・ロシア・フランスなどヨーロッパ諸国との間に起きた戦争だが、裏で大儲けしたのが、ヴァンデル家である。

ヴァンデル家の初代ジャン・マルタンが製鉄所を建設し、2代目シャルルはルイ15世に取り入って、宮廷に武器弾薬を持ち込む。そんなときに起きた七年戦争は、資産を増やす絶好の機会となった。

3代目のイニャスはコークスを用いて製鉄する方法を思い付き、フランスの大砲をより簡単に、またより性能のよいものに変革させた。さらに、工場を移転させ、ブルゴーニュ地方のル・クルーゾの村に当時はヨーロッパ最大となる高炉の建設も行っている。その後、宮廷との関係を問題視されて市民の反感を買ったり、ヨーロッパ諸国の対立が起こったりでヴァンダル家は勢いを失っていく。

ところが、ナポレオンが皇帝に即位すると、4代目のフランソワは戦争時に大量の注文を取り付けて、再び息を吹き返す。これにより鉄鋼業で主導権を握るなど、ヴァンダル家は再び繁栄の道へと進んでいくのであった。

第58位

25歳年下と結婚した85歳の女大富豪

アルバ第18女公爵　Duchess of Alba　1926-

4000億円を子どもに分けた深いワケ

「裸のマハ」「着衣のマハ」

いずれも宮廷画家ゴヤの絵画作品である。この有名な作品のモデルとなっているのは、13代目のアルヴァ女公爵。彼女がゴヤに依頼して、1797年から実に10年がかりで描かせたものである。

アルヴァ女公爵は、スペインの名家で、現在まで連綿と続いている。今は18代目にあたるが、2011年に25歳年下の公務員と、三度目になる結婚に踏み切ったことで話題になった。

なにしろ、18代目のアルヴァ女公爵はこのとき、85歳。傍からみれば、男性が遺産目当てで結婚しようとしたのではないか、と疑ってしまうのも無理はないだろう。財産問題の直接の当事者である子どもたちの立場からすると、なおさらのことで、みなが反対をしていた。

そんな邪推を取り払うため、アルヴァ第18女公爵は、35億ユーロ(約3857億円)ともいわれる財産を6人の子どもたちに相続。そこには、数々の宮殿や邸宅、土地、絵画も含まれている。具体的には、15世紀に建てられたコカ城や、ゴヤ、ルーベンス、レンブラントの絵画などだ。土地はモナコ公国の170倍の広さにも及んでいるというから、子どもたちにとっては朗報だろう。

財産を手放すことで、自分の結婚を家族に認めさせる――その行動力はとても85歳とは思えない、見倣うべきパッションである。

第57位

1日100万本！　売り上げもビック!?

マルセル・ビック　Marcel Bich 1914-1994

ボールペンと使い捨て商品でヒットを飛ばす

フランス南西部に位置する、ボルドーワインの名産地サンテミリオン。実業家のマルセル・ビックはそこで30ヘクタールに及ぶブドウ園を所有しているほか、城や狩猟場も持っている。すべてはビックがある商品に目を付けたことから始まった。

1914年、イタリアで生まれたビックは、18歳のときにフランスに渡ってパリで学業を積んだ。よほどパリが気に入ったのか、フランス国籍まで取り、小さなインク製造会社に就職。第二次世界大戦後に独立し、ペン軸やシャープペンシルなどの筆記用具を作るベンチャー企業を立ち上げた。

しかし、筆記用具の業界は古くからの会社も多く、新規参入のハードルは高かった。ビックは周囲の友人から止められるなか、ハンガリー人が発明したボールペンに可能性を見出す。ビックはすぐさま特許を買い取って、製造をスタートさせる。1日5万本を出荷することが、当面の目標だった。

ところが、実際にボールペンを売ると、注文が殺到。その数は1日100万本以上にも及んだ。さらにヨーロッパだけではなく、アメリカでも知ってもらうために、莫大な資金をつぎ込んで、ヨットレース「アメリカズ・カップ」に何度も出場している。

ボールペンだけではなく、使い捨てライター、使い捨てひげそりでも、ヒットを飛ばしたビック。「ビック社」はフランス有数の筆記用具メーカーとして、現在も多くのユーザーに支持されている。

第56位

大富豪は独身貴族

トゥルン・ウント・タクシス家　Thurn und Taxis

200年にわたって一族が住む城

南ドイツのバイエルン州にあるレーゲンスブルク。2006年に世界文化遺産に登録された旧市街のなかに、トゥルン・ウント・タクシス城が佇んでいる。バロック、ロココ、古典様式がいっしょくたにされたこの城には、豪華な装飾が施された「黄色の間」「銀色の間」「謁見の間」をはじめに、サロンや居間、社交室など合わせて500室にも及び、図書室には約12万室の蔵書があるという。

この城を所有しているのは、トゥルン・ウント・タクシス家。200年にわたって代々が住んでおり、現在の城主であるアルベルト2世は、8歳で侯爵家の家長位と財産を相続。財産を管理していたアルベルト2世の母は、1990年には1400億円だった資産を投資によって、20年で2200億円にまで増やして、息子へと引き継いでいる。

それだけの資産を築き上げたきっかけ、それは郵便事業である。領土が広すぎた神聖ローマ帝国では、情報の伝達がうまくいかないのが悩みの種で、1615年に政府が協力を求めたのが、タクシス家であった。ナポレオンによって郵便事業の独占が禁じられると、大地主としてビールの醸造などにも乗り出して成功を収めている。

巨額な資産をバックに、ヨーロッパの上流階級との婚姻関係を結び、さらに勢力を伸ばしてきたタクシス家。アルベルト2世は、2014年7月時点で独身であり、誰と結婚するのか注目の的だ。

第55位 さあ、次は日本を買うぞ！

グロウブナー家　Grosvenor,Duke of Westminster

ロンドンの高級住宅街を代々受け継ぐ

ロンドン一の高級住宅街として知られているメイフェア地区。高級ブランド店が立ち並び、アメリカ大使館や王立芸術院「ロイヤル・アカデミー・オブ・アーツ」も、この地区にある。メイフェア地区周辺に出没するセレブを対象に『ザ・メイフェア・マガジン』という雑誌が発刊されるのも、1枚100ポンド（約2万円）のピザを提供するレストランが話題になるのも、この地区ならではだろう。

そんなセレブなメイフェア地区を所有しているのが、由緒正しいイギリス貴族である、ウェストミンスター公爵グロウブナー家だ。1677年にトーマス・グロウブナーが大地主の娘と結婚したときにロンドンの多くの土地の所有者となった。メイフェア地区もそのなかのひとつで、メイフェア地区の100エーカー（約12万坪）が、グロウブナー家の資産となっている。

そのほか、ベルグラビア地区にも200エーカー（約24万坪）を所有しているグロウブナー家。現在は第6代公爵ジェラルド・グロウブナーが当主を務めており、73億5000万ポンド（約8820億円）の資産を持つ。そして、その目はすでに日本にも向けられているようだ。

2008年には代々木公園近くに高級賃貸マンションを竣工。2011年には港区の高級賃貸マンションを購入している。今度はどの街をねらっているのか。グロウブナー家の展望やいかに。

第54位

11人の妻と13回も結婚した

トミー・マンヴィル　Thomas Franklyn Manville, Jr. 1894-1967

遺産を手に入れて結婚と離婚をリピート

巨万の富を持つがゆえに、周囲には人が群がり出会いが常にあるため、結果として結婚と離婚を繰り返してしまうこともあるだろう。しかし、それを踏まえても、トマス・フランクリン・マンヴィル、通称トミー・マンヴィルが結婚した13回という回数は尋常ではない。再婚が2回あったので、妻の人数は11人だが、いずれにしてもすごい数だ。

父が築いた石綿王国の跡取り息子として生まれたマンヴィルは、父親の反対を押し切って、17歳のときにブロードウェイの劇場で出会ったコーラスガールと結婚。1911年のことだった。

激怒した父親が資金援助を絶ったために、マンヴィルは週15ドルの仕事について結婚生活を支えた。この結婚は実に11年間も続いている。あとの彼の人生を思えば、長続きした稀有なケースだった。

1926年に2回目の結婚。だが、その翌月に父が亡くなり、1千万ドルの遺産を手に入れることになる。2度目の結婚生活は1年で終わった。

1931年から1960年の間に計11回の結婚を果たしたが、ブロンド女を希望するという外見主義がよくなかったのか、いずれも短期間で結婚生活を終えている。なかには20万ドルの慰謝料を取られたケースもあった。最終的には抹消してしまったものの、長きにわたって、マンヴィルは最初の妻に50万ドルを遺すと遺書に書き記していたという。結局、最初に選んだ女性が一番だったということか。

第53位 死の商人と300人の支配人

バジル・ザハロフ　Zacharias Basileios Zacharoff 1849-1936

何ヶ国語も操る国際派の武器商人

1877年、バルカン半島諸民族がトルコ人の支配に対して反乱を起こした。それをロシアが支援する立場を取ったため、ロシアとオスマン帝国の間で戦争が勃発する。

いわゆる露土戦争だが、その裏で暗躍したのが、武器商人のバジル・ザハロフだ。英語、フランス語、スペイン語、イタリア語、トルコ語、ギリシャ語、ロシア語、ドイツ語、さらにバルカン諸国の方言まで話せたザハロフにとって、各国と武器売買の交渉をする仕事は、まさにうってつけであった。

露土戦争後は、軍備拡張するギリシャ政府にも武器を売り込みつつ、一方では、ギリシャと対立するオスマン帝国とも取引していた。争いを煽れば煽るほど儲かるのが、ザハロフの商売であり、自身でもこんな発言をしている。

「買いたいという者には、誰でも私は兵器を売った。私はロシアではロシア人、ギリシャではギリシャ人、またパリではフランス人として振る舞った」

第一次世界大戦でも武器調達に一役買ったザハロフは、兵器産業だけではなく、銀行、鉄道、ホテル、石油、鉱山などにも投資していた。ピーク時に300人もの支配人を雇っていたという。

プライベートでは、パリとリビエラに、豪華な自分専用の売春窟を建てたザハロフ。1936年、「死の商人」と呼ばれた富豪は、100万ポンド（約500億円）の財産を遺し、87年の長寿を全うした。

第57位

俺の噴水、260メートル

ファハド王　Fahd bin Abdulaziz Al Saud 1923-2005

贅沢三昧のサウジアラビアの王

伝統的な衣装をまとう古めかしい砂漠の王――。そんな貫禄を持つサウジアラビアのファハド王だが、宮殿のガレージには、ロールスロイスとBMWが数え切れないほど並べられているなど、その贅沢ぶりはいたってヨーロッパ的だ。

レマン湖の岬に建てられたルネサンス様式の宮殿には、オリンピック規格のプールが備え付けられている。そのプールに、ファハド王は2200万ドルをかけて、80万枚にも及ぶ陶製タイルと純金のタイルを4万枚も敷き詰めた。ほかにも、リヤドの東方に1000人は客が入れるであろうサンシャイン宮殿も建てるなど、200億ドルともいわれる財産を惜しみなく浪費した。

宮殿以外に、フランスではカンヌとパリに、イギリスではロンドンに、スペインには太陽海岸に、大邸宅を構えている。贅をつくすとは、ファハド王のためにある言葉ではないかと思わされる。

ただ、豪快な振る舞いの一方で、批判の声を上げそうなイスラム法学者などには、あらかじめ金銭の施しをしておくという用意周到さも、ファハド王は兼ねそろえていた。1985年には、国民のためにと、ジッダに「ファハド王の噴水」を完成させている。水柱の高さは260メートル、世界一高く吹き上げる噴水として知られているが紅海の海水を吹き上げるために、ジェット機のエンジンを利用するという発想がぶっ飛んでいる。

第51位

暴君ネロ　Nero Claudius Caesar Augustus Germanicus 37-68

暴君の「超とばっちり」

豪華絢爛な宮殿が市民のあらぬ憶測を呼んだ

ネロは紀元54年、わずか16歳にしてローマ帝国の第5代皇帝に就任した。「暴君ネロ」の通り名のほうが知られているが、建築を命じた宮殿「ドムス・アウレア」は内部があらゆる黄金で作られており、実にきらびやかでゴージャスなものだった。

総面積は50万平方メートル。あちこちに宝石や真珠の装飾が施され、芸術品もふんだんに展示されていた。さらに、象牙細工の天井から花を撒き散らしたり、パイプをひねると、客に香水が降り注いだりする仕掛けまで考案。ダイニングルームは部屋ごと回転するといった趣向も凝らした。

「私もこれで人間らしい生活ができる」

完成するとネロはそううそぶいたが、この宮殿を建築する前に、ローマで大火災が起きたことから、市民の間ではこんな噂が流されるようになる。「ネロは都を新しく建て直したくてローマを焼いた」

宮殿を建設した土地と、火災で全焼した土地が一致したために、噂はどんどん広がり、暴動が起きてもおかしくないほどの雰囲気となった。

慌てたネロが噂を消すために行ったのが、キリスト教徒の虐殺だ。形式だけの裁判を経て、なんと200人〜300人ものキリスト教徒を残忍な方法で処刑してしまったのだ。

「暴君」の代名詞として定着するのに十分なエピソードだが、それを引き起こしたきっかけは、あまりにも豪華な宮殿に対する市民の反発だった。

大富豪破天荒伝説

第5章

ついに、第5位から第1位までBest 5の大発表!

100位から6位までを紹介したが、いよいよ、ベスト5を発表しよう。日本人は入っているのか。そして、これほどまでの伝説を残した富豪たちの頂点に輝いたのは一体誰で、どんな仰天伝説を残しているのか……。

第5位

聞いてびっくり！「大坂城」の建造費

豊臣秀吉［とよとみ・ひでよし］ 1537-1598

「黄金の茶室」を作らせた

群雄割拠の戦国時代、生き残りをかけて戦国武将たちが戦を繰り返したが、豊臣秀吉が目指した理想の戦は、血気盛んなほかの武将とは全く違うものだった。

それは、「戦わずして勝つ」というもの。

実際に秀吉は織田信長のもとにいたとき、敵対する勢力を次々と調略し、戦を交えずに織田家に屈服させることに成功している。農民出身の秀吉がほかの家臣たちを飛び越えて、37歳で大名になったのも、浅井家の家臣を調略して、浅井家小谷城を信長が落城させるのに一役買ったからだ。

1590年には北条氏を滅亡させ、関東を平定し、全国統一を成し遂げた秀吉。多くの相手を戦わずして屈服させるには、圧倒的な量の食糧と武器が必要となるが、それを可能にするだけの資金力が秀吉にはあった。

その豊富な資金の源のひとつが、佐渡、生野、多田などの金銀鉱山である。秀吉の時代、鉱石から銀を吹き分ける灰吹法が普及し、銀山の最盛期を迎えることになる。それは、日本が世界の銀の3分の1を産出するほどだった。

とりわけ、信長から領地として与えられた生野銀山は、日本屈指の生産量を誇っており、秀吉は直轄化することで莫大な収益を得ていた。さらに、臣下となった大名の領地の鉱山についても生産の1割を収益とするなど、秀吉は金銀鉱山ブームから多大な財を築くことになったのだ。

大坂城に保存されている秀吉の遺品を見れば、彼がいかに金好きだったかがよくわかる。鎧《よろい》のうえに切る陣羽織《じんばおり》に金箔は貼り付けただけではなく、甲冑《かっちゅう》や兜《かぶと》、軍配までもが金づくし。そして、よく知られているのが「黄金の茶室」だ。

豊臣秀吉像

「黄金の茶室」が歴史に登場するのは、1585年12月のこと。秀吉は、毛利家の使者として大坂城を訪れた小早川隆景《たかかげ》に完成したばかりの「黄金の茶室」を見せたといわれている。その茶室は、天井や壁にも金が張られ、柱にも金の延べ板を延ばしたものが使われていた。冷静な賢将と知られている小早川も、そのゴージャスさには目を丸くしたに違いない。

また、この茶室は組み立て式で移動ができたため、見せびらかすにはもってこいだ。現にこの翌年には、京都御所にこの茶室を運び込み、正親町《おおぎまち》天皇に秀吉自ら茶を点じて献じている。

一体、この黄金の茶室を作るにあたって、秀吉はどれくらいの費用を使ったのか。残念ながらそれはわからないが、全国統一の基盤となった秀吉の持つ盤石な資金力を考えれば、かなりの額がかけられたとしても不思議ではない。ちなみに、2009年に広島三越で復刻展示が行われたときは、約1万5000枚の純金箔を1枚ずつ箔押し、

3億5000万円の費用がかけられた。

1日で2万枚以上の金貨を配った

有り余る財力をどう見せつけるかは、古今東西の富豪の悩みだが、秀吉の場合は文字通りに「金をばら撒いた」。

1589年、公家や大名に金や銀を配ったのである。これを「天正の金賦《かねくば》り」と呼び、その枚数は1日2万枚以上にも及んだ。明治・大正の成金が有り余る金を芸者たちにばら撒いたのとはスケールが違う。

大量に配るだけではなく、秀吉はひたすら大きい金貨づくりにもチャレンジしている。京都の彫金師・後藤家に作らせた「天正長大判」がそれである。17・5センチ×10・4センチの大きさで重さは165グラム。文字は「拾両　後藤」と刻まれている。現存する金貨では、世界最大級クラスである。

もちろん、金銀の発掘だけではない。1587年には、博多でバテレン追放令を出して、イエズス会の所領となっていた長崎を自分の直轄地として貿易を独占するなど、秀吉は経済力を武器に権力を保持した。

金貨を大量に配って周囲を喜ばせたり、誰も見たことがないでかい金貨を作ったりと、あからさまな富の誇示にはやや辟易しないでもない。だが、それは、武士ではない身分から立身出世した秀吉だからこその、ストレートな「庶民の夢」の体言とも言えるかもしれない。

史上最大規模の花見

豊臣秀吉が1583年に築いた大坂城も、やはり大変な費用がかけられたものだった。

3年がかりでとりあえずの完成をみた大坂城天守閣は、望楼式の5層で高さは約39メートル。屋根には華美な金箔瓦が乗せられるなど、豪壮華麗な佇まいで、現代の工事費に換算すると約

７８０億円もかけられたといわれている。

それに加えて、大坂城２キロ四方の工事を含めると約５兆円に上るというから、アルゼンチンや台湾における１年分に国家予算にも匹敵する額が大坂城関連の工事につぎ込まれたことになる。結局工事は、秀吉が亡くなる直前まで続けられた。

『大坂夏の陣図屏風』に描かれた大坂城天守閣

そのうえ、１５８７年に自分の邸宅として京都に聚楽第《じゅらくだい》を建てて、さらに、１５９４年には隠居用に伏見城も建築している。前述した「天正の金賦り」は聚楽第で行われた。

派手なことが好きだった秀吉。語り草となっているのが、醍醐寺三宝院で催された、「醍醐の花見」という空前の規模の花見大会である。

７００本の桜を植えさせたうえで、秀吉は１３００人の女性ばかりを招待。男性で参加したのは４歳の秀頼《ひでより》、そして前田利家《としいえ》のみだった。伏見城から醍醐寺に向けての大行列は、約４キロにも及んだ。

それだけでも十分すごいが、１３００人の女性たちは三度にわたって衣装替えがあった。合計３９００着の着物が用意されたことになり、その衣装代だけで現在の価値で40億円近くかかったという。

醍醐の花見から数ヶ月後に秀吉は亡くなり、結果的には、これが秀吉最後の豪遊となった。

第4位

人類史上初めて自宅に電気を引いた男

ジョン・ピアポント・モルガン　John Pierpont Morgan　1837-1913

私邸に初めてエジソンの電気を引いた

ヨーロッパのロスチャイルド家にも並ぶ、一大金融帝国のモルガン財閥。

創始者のジョン・ピアポント・モルガンは、マジソン通りの邸宅で20人あまりの使用人とともに暮らしていた。

この邸宅は1882年、トーマス・エジソンの電気を取り入れ、世界で初めて全館電灯が設置された個人の住宅として名を残している。モルガンは、新しいテクノロジーへの関心も高く、電気・通信事業へも投資を行っていたからだ。

同年、モルガンはオフィスについても、ニューヨーク市では初めて、エジソン・エレクトリック・イルミネイティング・カンパニーの新しい発電所から、電気を引いた。このときは、オフィスの電灯のスイッチをエジソン自身が最初に押している。エジソンも自らの発明の成果に手ごたえを感じた

1902年に撮影されたジョン・ピアポント・モルガン
Everett Collection／アフロ

ことだろう。

また、ロンドンのセントポール大聖堂について も、「室内が暗い」という理由から、電気照明にする費用を引き受けたことがあった。

鉄道・鉄鋼・海運・電気・無線……多岐にわたる事業で買収や投資を行ったモルガン。私邸の電気ですら、事業とは無関係ではなかったが、そんな彼が息抜きとして夢中になったのは、ヨットである。

モルガンは1882年、最初の大型外洋ヨット「コーセア」を購入。その頃から家庭がうまくいっていなかったモルガンは、ヨット上で多くの時間を過ごした。クラブを作って友人と交友を深め、夕食をとったりして楽しんだ。船上パーティを開催することもしばしばで、お気に入りの女性を船内に連れ込むこともあったという。

続いて買ったコーセア2号は、アメリカ・スペイン戦争に徴発されるという憂き目にあった。海軍から22万5000ドル（約45億円）が支払われたが、モルガンにとっては、お金の問題ではない。愛する船だっただけに、強引に徴用されたのは無念だったことだろう。

その愛情をモルガンはコーセア3号につぎ込むことになる。全長300フィート（約100メートル）以上、乗組員は70人も乗れた。その外観は、コーセア2号そっくりだった。

大富豪が船やヨットを好むのは、海にいれば、浮世のしがらみからしばし逃れることができるからだろう。モルガンのように、政治にも影響力を持つような大富豪ならば、晒されるプレッシャーは、なおのことだったに違いない。

大恐慌で大きな存在感を示した

富豪の財力はときに一国を救うことがある。モルガンは二度、アメリカを危機から救ったといわれている。

まずは1895年にアメリカで金が暴落したと

がそうだった。背景には2年前から続く不況があり1万5000件に上る企業が破産し、158の国際銀行と172の州法銀行が休業するという異常な事態に陥っていた。それに伴って、大量の金がヨーロッパへと流出。1879年には1億5000万ドルあった金が、この年には4000万ドルにまで落ち込んでいた。もはや財務省が金公債を発行しようが手遅れで事態は何ひとつ改善しなかった。

そんな状況を見て、モルガンはロスチャイルドと連携し、アメリカ政府にこんな提案を行った。

「モルガンとロスチャイルドの両商会が、約6500万ドル（約1兆3000億円）相当の30年期限の金貨払い債権と交換に、350万オンスの金を集めて政府に売り渡す」

クリーブランド大統領はこれに同意。モルガンとロスチャイルドがシンジケートを組んで引き受けた金債権は、市場であっと言う間に売り切れて、最悪の事態は免れることになった。

一方、モルガンらが政府から104・5ドルで引き受けた金債権は、119ドルまで上昇。両商会はわずか30分たらずで、700万ドル（約1400億円）の利益を得たともいわれている。

だが、再び金の流出が始まったため、クリーブランド大統領は非難の的になり、ひと稼ぎしたモルガンは「金の南京虫」とまで叩かれた。

しかし、上院議員からの質問に、モルガンは堂々とこう答えている。

「私はこの事件全体を通じてたったひとつの目的を持っていただけであります。それは、政府が必要としていた金を確保すること、もしも金が得られたならば、必ず起こるであろう広範な恐慌と災害を救うことであります」

確かに効果は一時的だったにせよ、急場をしのぐにはモルガンの財力を国家は必要としていたことは事実だ。そして、これよりさらに深刻だった1907年の大恐慌でも、モルガンは存在感を発揮することになる。

ニューヨークからアメリカ全土に広がった「1907年恐慌」では、株価は軒並み大暴落。正午近くには株式取引所がほとんど停止してしまうほどだった。失業者の数は300~400万人に上ったという。

国家の窮地に、モルガンは各銀行の頭取を集めて、数分で2500万ドル（約5000億円）の資金を用意してもらえるように約束を取り付けた。それを10%の低金利で短期資金を貸し出すことを決定。そのニュースが市場を駆け回ると、各取引所で喝采が巻き起こったという。株式取引所は閉鎖の危機を免れることができたのである。

このときにモルガンは、すでに70歳。引退寸前だったが、その動きは誰よりも機敏だった。新聞には「国を救った人」と報じられ、モルガンの名声はさらに高まることになった。

だが、その5年後、76歳の誕生日を目前にして死去。莫大な遺産は6830万ドル、現在の金額にして約1兆3660億円にも達していた。

第3位

やってみなはれ、ラファエロはん！

コジモ・デ・メディチ　Cosimo de' Medici　1389-1464

パトロンとして芸術家たちを支えた

芸術家のパトロンとしてルネサンス文化の原動力となったメディチ家。イタリア最大ともいわれている「ウフィツィ美術館」には、メディチ家歴代の美術コレクションが収蔵されており、今なお多

ポントルモ「コジモ・デ・メディチ」（1518～1519年）

くの観光客が訪れている。

メディチ家は巨万の富で芸術家たちを支え、そのうちの多くがルネサンス文化の担い手となった。ダンテ、ボッティチェリ、レオナルド・ダ・ヴィンチ、ミケランジェロ、ヴァザーリ、ブロンツィーノ、アッローリ、ラファエロ……。

もし、メディチ家による莫大な資金援助がなく、これらの芸術家の作品が世に生まれなかったならば、フィレンツェが世界一の芸術都市として発展することはなかっただろう。

メディチ家のなかでも、芸術家の支援を積極的に行い、「祖国の父」とまで呼ばれたのが、コジモ・デ・メディチだ。

コジモは31歳のときに父から銀行経営を引き継ぐと、海外進出など巧みに支店を拡大させて、メディチ銀行を大躍進させることに成功。しかし、学生時代に打ち込んだのは、金融業とは全く関係のない人文学の研究だった。さらに、建築、音楽、彫刻などにも造詣が深く、多方面に精通した知識人としての顔も持つ。コジモが多額の資金を使って翻訳者や文献学者など人文学の研究者をサポートしたのは、そんな自身のバックグラウンドがあったからだった。

しかし、コジモはただ資金を提供していたパトロンとは一味違った。芸術作品への批評眼を持っていたため、人材の育成にも力を注いだのである。

古代ギリシャでプラトンによって開設された「アカデメイア」にならって、私的サークル「プラトン・アカデミー」を構想したのは、その代表的な例だろう。その中心人物となる人材を育てようと、コジモは侍医の息子だったマルシリオ・フィチーノに才能を見出している。

コジモは、フィチーノのために家を市内に用意するなど、生活費の面倒を見て、ギリシャ語、ラテン語習得のための環境を整備。その結果、フィチーノはプラトンの全著作のラテン語訳に着手するなどプラトン学者として大成している。コジモはほかにも芽がある学者には住まいを提供したり、大学で雇い入れたりするなど、人材育成のための援助を惜しまなかった。

4つの宗教建築に200億円以上!

コジモが、重点的に支援活動を行ったのが、建築物である。人文学の分野への援助と同じく、資金援助のみならずに、自らの知識によるアドバイスも彼のパトロン活動には含まれていた。

最も有名なのが、父の代からの大幅な改築を引き継いだサン・ロレンツォ聖堂である。資金難によって頓挫しかけていたが、1442年にコジモがパトロンになると、計画が再び動き出した。

それでも、簡単に終わるような事業ではない。なにしろ、全体の指揮をとったフィリッポ・ブルネレスキや、後に新聖具室の彫刻や設計を行ったミケランジェロ、ジョルジュ・ヴァザーリなど、当時の主要な芸術家が腕をふるったビッグプロジェクトである。その期間も長きにわたり、コジモが他界する3年前の1461年に、とりあえず聖堂の工事が終了したほどだった。

コジモが全体の完成を見ることはできなかったサン・ロレンツォ聖堂に投資した金額は見積もりから、6万フィオリーノ(約72億円程度)と推計される。

1437年からは、サン・マルコ修道院の再建事業に取り組んだ。このときにもコジモは図書館を創設し、これは、ヨーロッパ最初の公共図書館といわれている。このサン・マルコ修道院の再建にも、コジモは4万フィオリーノ（約48億円程度）のコストを負担したと見られている。

ほか2つの宗教建築をあわせると、コジモは全部で約18万フィオリーノ（約216億円）ほどの費用を負担したようだ。そして、恐るべきことに、これはコジモによる多彩な援助活動のごく一部なのである。

ミケランジェロもラファエロも

コジモが75歳で死去すると、本人の希望で遺体はサン・ロレンツォ聖堂の地下墓所に埋葬された。

その後は、長男のピエロが後継者となるが、残念ながら、銀行家としても政治家としても父のような能力はなかった。

芸術活動への援助を行った点では共通していたものの、やはりパトロン活動においても、父とは差があったようだ。主に絵画や彫刻といった分野でパトロン活動を行ったピエロは、聖堂の小礼拝堂を作らせたときに、基台にこう刻んだという。

「大理石のみの費用4000フィオリーノ」

約4億8000万円なので確かに巨額だが、わざわざ彫り付けてしまうところにスケールの小ささを感じてしまう。

だが、ピエロが53歳で死去したことで、20歳の若さで新当主となったロレンツォ・デ・メディチは、一転して、優秀なリーダーとしてメディチ家の最盛期を築くことになる。ピエロが病弱だったため、その代わりとして15歳から外交をすでに経験

イタリア、フィレンツェにあるサン・ロレンツォ聖堂　Mondadori / アフロ

していたことも、大きく飛躍できた要因のひとつだろう。そして、若きミケランジェロを大芸術家として大成させるなど、パトロンとしての目利きも確かだった。

ラファエロもまた、ロレンツォ・デ・メディチの庇護《ひご》で育てられた画家の一人。ラファエロが描いたロレンツォ・デ・メディチの肖像画は２００７年、ロンドンでのオークションで、47億円で落札されている。

コジモ・デ・メディチに端を発するメディチ家の代々にわたる桁外れのパトロン活動。それは、ルネサンス文化を生み出し、世界史そのものまで変えてしまったのである。

第4位

史上最大の飛行機は、なんと木製！

ハワード・ヒューズ　Howard R. Hughes, Jr.　1905-1976

豪華内装のプライベートジェット

おしゃれなカウンターに、丸テーブルを囲むゆったりとしたソファー席……。

都会の片隅にある隠れ家的なバーの話ではない。大富豪ハワード・ヒューズが1939年に購入した「ボーイング307」の内装設備である。

ボーイング307は、与圧式のキャビンを最初に取り入れた世界初の商業用旅客機だ。ヒューズはそのうちの一機を自分用に購入すると、軽量のために与圧装置を外してしまう。そして、豪華な内装に仕上げて「フライング・ペントハウス」として愛用していたというから、贅沢すぎる。

だが、ヒューズは、単なる飛行機好きの富豪ではなかった。

1903年に世界で初めて飛行機による有人動力飛行に成功したライト兄弟をはじめに、空の歴史に名を刻んだ人物としては、英仏海峡の空路横断を成し遂げたフランスの飛行家ルイ・ブレリオ、大西洋単独無着陸飛行に成功したアメリカの飛行家チャールズ・リンドバーグなどがいるが、成し遂げたことで言えば、ヒューズも彼らに引けをとらない。ヒューズは潤沢な資金と無謀とも思える行動力で、航空史に異色な足跡を残している。

ヒューズが人生の転機を迎えたのは、18歳のときだ。鉱石の採掘権のビジネスで財を築いていた父が心臓麻痺《まひ》で急死してしまい、すでに母を亡くしていたヒューズが、約45万ドルもの遺産を相続。

それだけでも十分な財だが、ヒューズは後見人になるという叔父をはねつけて、父が経営していた優良会社のヒューズ・ツール社を引き継ぐことにも成功している。

ふいに転がり込んできた豊富な資金で、若きヒューズは何をしてもよかった。だが、学生時代から友人が少なかった彼には仲間でしたいビジネスもとくになければ、とりたてて個人で深究したい研究テーマがあったわけでもなかった。

そんなヒューズが夢中になれたのが、自動車や飛行機であり、また映画だった。ヒューズは迷うことなく、多額の資金をそれらにつぎ込むことになる。

ヒューズは、19歳でロサンゼルスに移住すると、ハリウッドに進出。『地獄の天使』という作品の製作を手がけた。第一次世界大戦のパイロットたちを描いた映画だったが、ヒューズはこの作品を撮るために、50万ドル以上かけて、50機程度の飛行機を購入している。

はじめこそ監督に依頼して撮影を任せていたヒューズだったが、次第に現場のことがわかってくると、口を出しすぎてしまい、監督と対立。プロデューサーのヒューズ自身が監督の役割も担うことになった。

1947年11月15日にワシントンD.C.で撮影されたハワード・ヒューズ　AP/アフロ

ヒューズがこだわり抜いて、何度も撮り直したこの作品。上映時間の実に250倍にもあたるフィルムが撮影され、380万ドルという膨大な制作費が使われることになった。

パイロットとして偉業を成し遂げる

富豪にもいろいろなタイプがいるが、ヒューズはインタビューにも滅多に答えない秘密主義者だった。ヒューズ・ツール社の事業は片腕として雇ったノア・ディートリッヒに財務を取り仕切らせていたが、社員たちにあらゆる業務の途中経過を決して漏らしてはならないと厳命していた。女癖が悪かったヒューズは女優に手を出しまくったため、マスコミから追われる日々だったが、プライベートだけではなく、企画中のあらゆるプランも、世に出るまでは隠し通した。

しかし、かといってヒューズは裏方に徹するというタイプでもなかった。そうするには、彼はあまりにもこだわりが強すぎたのである。

『地獄の天使』で製作だけではなく監督まで務めたのは、その典型的な例だが、もっと強烈なエピソードがある。ヒューズはなんと飛行機シーンの撮影に入る前に、自らパイロットのライセンスを取得。撮影担当者を乗せて、自身がカメラシップの操縦を行ったのである。

その結果、ヒューズは墜落して顎の骨を骨折という無残な結果に……。ライセンスを取得したばかりの身ではあまりにも向こう見ずの暴挙だったが、それに懲りることなく、ヒューズはスポーツ機、そして戦闘機を購入するなど、飛行機道楽にのめり込んだ。経験を積むうちに、操縦テクニックもみるみる上達したようだ。

ヒューズは欲望をひとつ満たすと、また新たな欲望を生み出していく。

誰も作ったことのないような飛行機を手がけたい――。そう考えたヒューズは、1935年には、空気抵抗を減らすための細長い胴体が特徴的な「H－1」を開発。費用を惜しまずに全金属構造で作り上げた。ヒューズはこのH－1で、世界速度記録とアメリカ大陸横断速度記録を樹立するという偉業を成し遂げている。

さらに1938年には、ヒューズは4人の乗員とともにロッキードモデル14で、世界一周早周りの記録も塗り替えてしまった。事業家としてだけではなく、飛行家としても、その名を知らしめることになった。

史上最大の翼幅を持つH－4の製作

ヒューズが手がけた飛行機は数多あるが、人々に最も大きなインパクトを与えたのが、1947年に初飛行を行った「スプルース・グース」の愛称で知られている「H－4」だろう。

H－4は、実業家のヘンリー・カイザーが、戦時に備えて巨大飛行艇の大量生産を陸軍と海軍に提案し、ヒューズがその開発を引き受けたことで、製作がスタートした。というよりも、開発期間が膨大にかかるうえに実現が困難なため、どこの航空機メーカーにも断られ、ただ一人、ヒューズだけが話に乗ってきたというのが現実だった。

その困難のひとつが、構造に金属を使ってはならないというもの。すでに軍用機の大量生産が進められていたため、アルミ合金が不足しており、使うことが許されなかった。そんな悪条件のなか、ヒューズは驚くべきことに、巨大飛行艇を木製で作り上げてしまったのである。

さて、誰もが無謀だと考えるほどのこの飛行艇。どれくらいのスケールだったかというと、全幅97・51メートル、全長66・65メートル。当時最大の飛行機とされていたマーチン・マースの3倍にも近かったというから、一足飛びどころの話ではない。

ちなみに「ジャンボジェット」の呼び名で知られる「ボーイング747」は最新型が全幅68・5メー

1947年、ロサンゼルスで撮影された「H-4」(別名:スプルース・グース)　Everett Collection／アフロ

トル、全長76・4メートルであり、さらにそれを上回る旅客機「エアバスA380」は全幅79・8メートル、全長73メートルである。つまり、60年以上前に初飛行したH-4が、翼幅においていまだに史上最大を誇っているということだ。当時はそれがいかに非常識な発想だったかがわかるだろう。

これを作るための工場もやはり巨大なものが必要であり、その大きさは幅75メートル、長さ225メートル、高さ30メートルにも及んだ。鉄材の不足によってその工場もまた全木造だったことから、当時における、世界最大の木造建築として名を残すことになった。

当初の予定から、3年あまり遅れながらも、1947年11月2日、ついにH-4の飛行テストが行われた。操縦席にはもちろん、ヒューズ自身が座った。集まった野次馬のなかには、上院の国防計画調査委員会の聴聞会に呼び出されたときに言った、ヒューズのこんな言葉に想いを馳せていた人もいたかもしれない。

「飛べないという者がいるが、もしも飛べなかったら、私はこの国を去る」

そんな決死の思いで挑んだ甲斐があって、ヒューズをはじめとした16人の乗員に報道関係者などを含めて32人を乗せたH-4は、3回目のテストでついに離陸。1分に満たない飛行ではあったが、それは確かに飛んだのである。

H-4の挑戦はマスコミを騒がせて話題になったが、ヒューズの片腕、ディートリッヒは後に著作でH-4の製作について「最大の愚行」とばっさり斬っている。それもそのはず、H-4を完成させるまでに、政府資金の1800万ドル(約8億円)では全く足りず、ヒューズの懐から5000万ドル(約21億円)も費やされたといわれている。

ちなみに、H-4は耐久性の問題があったため、飛行テストのときに1回飛んで以来、二度と空に浮かぶことはなかった。

第1位 究極美魔女の美容法

西太后[せいたいこう(ごう)] 1835-1908

海軍の軍事費を流用して豪華な別荘を

大国の清が、島国の日本に破れる——。

1894年の日清戦争で日本が勝利したことで、「眠れる獅子」と畏怖《いふ》されたアジアの大国が実は張子の虎だったことが、白日の下に晒《さら》されることになった。これを機に清国は列強国の餌にされ、植民地化が進んでいく。

清にとっては痛い敗戦であり、清末期に権勢を奮った女帝、西太后は歯軋りする思いだったに違いない。なにしろ、西太后は日本と戦争を行うことに反対の立場だったのだ。それを開戦へと押し切ったのは、第11代皇帝の光緒帝《こうしょてい》である。

西太后にとって光緒帝は妹の子であり、彼が6歳で即位できたのは、ほかならぬ自分の力があってのことだった。皇帝とは名ばかりで、西太后の操り人形だったにもかかわらず、光緒帝が成人してからはどうも風向きが変わってきた。己に楯突いて戦争に踏み切った結果が致命的な敗北となれば、気性の激しい西太后が怒りに震えたであろうことは想像に難くない。

だが、日清戦争で日本が勝てたのは、西太后のおかげだったという側面もある。

西太后は強引に自分の姪（弟の子）を光緒帝の妃とし、その地位が安泰となると、政界から引退。表向きは隠居生活を送ることになるが、その隠居のために、西太后は北京で頤和園《いわえん》の建設に着手しており、これが清国の財政を圧迫させることになる。

頤和園はもともと、1750年に第6代皇帝・乾《けん》隆帝《りゅうてい》が母のために造営した庭園だったが、第二次アヘン戦争によって破壊。それが西太后の手によって再建されることになった。だが、それはあまりにも大規模な土木工事となった。

面積は約297万平方メートルと日本の皇居のおよそ3倍と広大なもので、うち4分の3を、平地を掘って作られた人口湖の昆明湖《こんめいこ》が占める。さらに、高さ約60メートルの万寿山《まんじゅさん》を作り、その頂には観音仏を安置する智慧海《ちそうかい》が建てられた。万寿山の南の麓に作られた長廊は728メートルにも及び、「世界一長い回廊」として、そこに描かれた色彩豊かな8000枚にも及ぶ絵画の数々とともに、現在でも観光客を楽しませている。

そして頤和園のシンボルとされるのが、高さ約40メートルの八角形の仏香閣《ぶっこうかく》だ。とりわけ贅をつくした建物であり、高級の調度品が揃えられている。快適な隠居生活を追求した環境づくりに、西太后は熱を上げたのである。

当然のことながら巨額な資金が必要になったが、なんと西太后は海軍の軍事費から、それを賄ってしまう。「湖で海軍の訓練をするため」という理由だったが、こじつけであることは言うまでもない。

10年にわたる工期で、どれくらいの建築費がかかったのだろうか。諸説あるが、3000万テール（約45億円）の白銀を費やしたともいわれている。その影響で、海軍は兵器を新調することもままならなかった。これには国内の主戦派を抑えるという西太后の意図があったとする見解もあるが、そうであったとしても、国の軍事費を豪華絢爛な自分の別荘の建築にあてるという発想は、なかなか理解が得られるものではないだろう。

もし、西太后による私的流用がなければ、日清戦争の展開はまた違っていたかもしれない。

西太后の晩年の真影

美と食で贅をつくした

美と食はとりわけ女性の関心が高いジャンルだが、自分に歯向かう政敵には殺人をもいとわない西太后も、やはり一人の女性であることには変わりない。美容と食事にはかなりのこだわりがあった。

入浴後は両手をじっくりと湯に浸して、顔や頬は蒸しタオルを使って温める。そして、卵白を顔に刷り込みながら、時間をかけて皺《しわ》を伸ばす。石鹸は、数種類の油脂をブレンドしたオリジナル製品を愛用し、就寝前には自ら考案した美顔水を塗るのを忘れなかった。

ここまでは努力すれば一般の女性でも実践できそうだが、西太后ならではの美容法が、真珠の粉を茶さじ1杯ずつ飲むこと。西太后は10日に1回はこれを飲んでいたという。

飲み物でいえば、西太后が毎日必ず飲んだのが、茶碗1杯の母乳だ。そのために、わざわざ乳母を常時2、3人は雇っていたくらいである。自分のやりたいことに一切の妥協をしたくないらしい。

西太后は食事にも人一倍気を遣っており、200人の料理人に100品以上の料理を作らせては、そのときの肌や体の状態に合わせて選んだ。2回の食事とは別に設けられた2回のおやつタイムですらも、40～50種類の御椀が並んだ。とりわけツバメの巣、フカヒレ、ナマコのほか、えんどう豆、たけのこ、ショウガの芽なども好んで食べたといわれている。約1000万円の食費を「1日」でかけた日もあったが、西太后は「随分と倹約できた」とうそぶいたという。

税金を払う国民はたまったものではないが、医食同源を徹底して実践することもまた、西太后にとっては美容と長寿のために欠かせないことだったのだろう。西太后は年老いてからも、白い肌に黒髪を保ち、頭脳も明晰だったことを思えば、その食と美容への執着が実を結んだともいえそうだ。

頤和園の昆明湖と、高さ約40メートルの八角形の仏香閣　後藤昌美／アフロ

そんな西太后が何よりも楽しみにしていたのは、毎年旧暦の10月10日に行う自らの誕生日パーティである。日清戦争に敗れた直後でも、当初よりも規模は縮小したものの、しっかりと60歳の誕生日会を開催している。

誕生日会は各国公使の夫人を頤和園に招いて行われたが、普段の食事を思えば、特別な日となればさらに豪勢だったに違いない。中華料理に慣れない客人のために、西洋風のデザートやシャンパンも用意していたあたりには女性らしい細やかさを感じるが、使われた金額は豪快そのもの。67歳の誕生日では、実に約15億円が費やされたといわれている。日本の内閣が約1年間に使う内閣官房報償費（機密費）と同等の額が、彼女の誕生日1日で使われていたことになる。

亡くなった年の1908年には、10月10日から6日連続で誕生日を祝うなど、西太后は人生のラストスパートにも余念がなかった。

【参考・引用文献】

アーサー・T・ヴァンダービルトⅡ世〈上村麻子訳〉『アメリカン・ドリーマーの末裔たち—ヴァンダービルト一族の栄光と没落』渓水社、1996年

ロバート・レンツナー〈真野明裕訳〉『石油王ゲッティ—世界最大の富を築いた男の生涯』新潮社、1987年

ダニエル・ヤーギン〈日高義樹、持田直武訳〉『石油の世紀—支配者たちの興亡〈上〉〈下〉』日本放送出版協会、1991年

デイヴィッド・ナソー〈井上広美訳〉『新聞王ウィリアム・ランドルフ・ハーストの生涯』日経BP社、2002年

浜野保樹「『市民ケーン』の孫娘・パティ・ハーストは今どこに?」『地獄のハリウッド』洋泉社、1995年

ケネス・アンガー〈明石三世訳〉『ハリウッド・バビロン〈1〉』リブロポート、1989年

コリン・ウイルソン、ドナルド・シーマン〈関口篤訳〉『世界醜聞劇場』青土社、1993年

クリスティアン・ジョルジュ・シュエンツェ〈北野徹訳〉『クレオパトラ』白水社、2007年

E・フラマリオン〈吉村作治監修、高野優訳〉『クレオパトラ 古代エジプト最後の女王』創元社、1994年

浅香正『クレオパトラとその時代』創元社、1974年

アンドリュー・カーネギー〈坂西志保訳〉『カーネギー自伝』中央公論新社、2002年

ロン・チャーナウ〈井上広美訳〉『タイタン』日経BP社、2000年

デイヴィッド・ロックフェラー〈楡井浩一訳〉『ロックフェラー回顧録』新潮社、2007年

ジュール・ミシュレ〈大野一道ほか監修〉『フランス史4〈17世紀 ルイ14世の世紀〉』藤原書店、2010年

桐生操『本当にこわい宮廷の物語—西洋の「大奥」』中央公論新社、2011年

松本慎二『世界遺産で巡るフランス歴史の旅』朝日新聞出版、2013年

池内紀『富の王国 ロスチャイルドー—ロスチャイルド

一族の歴史から学ぶ上手なお金の生かし方』東洋経済新報社、2013年
- ヨアヒム・クルツ〔瀬野文教訳〕『ロスチャイルド家と最高のワイン―名門金融一族の権力、富、歴史』日本経済新聞出版社、2007年
- スエトニウス〔國原吉之助訳〕『ローマ皇帝伝〈下〉』岩波書店、1986年
- タキトゥス〔國原吉之助訳〕『同時代史』筑摩書房、2012年
- ピーター・エヴァンス〔染田屋茂訳〕『オナシスの生涯―欲しいものはすべて手に入れた男』新潮社、1988年
- ヘロドトス〔松平千秋訳〕『歴史』岩波書店、1971年
- 秦野啓〔監修〕『知っておきたい伝説の秘境・魔境・古代文明』西東社、2009年
- 諸田実『フッガー家の遺産』有斐閣、1989年
- 諸田実『フッガー家の時代』有斐閣、1998年
- デューラー〔前川誠郎訳〕『デューラー ネーデルラント旅日記』岩波書店、2007年
- 秋山聰「デューラーは、なぜ、マルガレーテ女公から絵画の寄贈を断られたのか?」(『SPAZIO』第66号)
- ケンネ・ファント〔服部まこと訳〕『アルフレッド・ノーベル伝―ゾフィーへの218通の手紙から』新評論、1996年
- 鹿島茂『蕩尽王、パリをゆく―薩摩治郎八伝』新潮社、2011年
- 鹿島茂『デパートを発明した夫婦』講談社、1991年
- 若桑みどり『クアトロ・ラガッツィ〈上〉天正少年使節と世界帝国』集英社、2008年
- アルフレッド・サンスィエ〔井出洋一郎訳〕『ミレーの生涯』講談社、1998年
- 千葉治男『ルイ14世 フランス絶対王政の虚実』清水書院、1984年
- イヴ=マリー・ベルセ〔阿河雄二郎、嶋中博章、滝澤聡子訳〕『真実のルイ14世―神話から歴史へ』昭和堂、2008年
- 小野理子『女帝のロシア』岩波書店、2004年

重延浩『ロシアの秘宝「琥珀の間」伝説』ＮＨＫ出版、２００３年

小宮正安『ハプスブルク家の宮殿』講談社、２００４年

南川三治郎『ハプスブルク家「美の遺産」を旅する 改訂新版（家庭画報特別編集）』世界文化社、２０１１年

マーガレット・シニー（東京大学インクルレコ訳）『古代アフリカ王国―アフリカ史への第一歩のために』理論社、１９６８年

ロバート・ラドフォード（岡村多佳夫訳）『ダリ』岩波書店、２００２年

川端康成『天授の子』新潮社、１９９９年

邦光史郎『日本の三大商人』徳間書店、１９８６年

ジェフリー・ロビンソン（青木栄一訳）『ヤマニ―石油外交秘録』ダイヤモンド社、１９８９年

澁澤龍彦『異端の肖像』河出書房新社、２００８年

前田高行『アラブの大富豪』新潮社、２００８年

内村鑑三『人道の偉人：スチーブン・ギラードの話』警醒社書店、１９１９年

徳川頼貞『頼貞随想』河出書房、１９５６年

佐藤朝泰『門閥―旧華族階層の復権』立風書房、１９８７年

中嶋繁雄『日本の名門１００家―その栄光と没落』立風書房、１９７９年

千田稔『華族総覧』講談社、２００９年

森実与子『エリザベート』新人物往来社、２０１１年

ロン・チャーナウ（青木榮一訳）『モルガン家〈上〉金融帝国の盛衰』日本経済新聞社、２００５年

森田義之『メディチ家』講談社、１９９９年

藤田勝啓『ハワード・ヒューズ―ヒコーキ物語』イカロス出版、２００５年

ジョン・キーツ（小鷹信光訳）『ハワード・ヒューズ』早川書房、２００５年

田所竹彦『近代中国 七人の猛女たち―西太后から江青まで』里文出版、２００５年

アラン・モネスティエ（阪田由美子、中村健一訳）『伝説の大富豪たち』宝島社、２００８年

岡倉古志郎（編）『20世紀を動かした人々〈第9〉世界

の富の支配者』講談社、1962年
筑摩書房編集部（編）『現代世界ノンフィクション全集〈第6〉死の商人ザハロフ　海運王オナシス　世界一の富豪アリー・カーン』筑摩書房、1967年
岩渕潤子『大富豪たちの美術館』PHP研究所、2007年
デービッド・フロスト、マイケル・ディーキン（川喜多喬訳）『古今東西大富豪ガイド―ウルトラ・リッチの世界』TBSブリタニカ、1986年
ザビリオネアーズ（編）『さすが世界の大富豪―痛快・豪快・奇々怪々』ベストセラーズ、1993年
デビッド・ワルチンスキー、アーヴィン・ウォーレス（井上篤夫編著）『ワルチンの人間博物館〈2〉すぐ使えるヘンな面々のびっくり話』ベストセラーズ、1988年
カール・シファキス（関口篤訳）『アメリカ畸人伝』青土社、1991年
越智道雄『アメリカ合衆国の異端児たち』日本経済新聞出版社、2009年
イーディス・シットウェル（松島正一、橋本槙矩訳）『英国畸人伝』青土社、2001年
森護『英国の貴族：遅れてきた公爵』筑摩書房、2012年
黄文雄『中国富豪列伝』経営評論社、1979年
ジェイ・ロバート・ナッシュ（小鷹信光訳）『世界変人型録』草思社、1984年
山崎洋子『歴史を騒がせた「悪女」たち』講談社、1995年
『女帝伝説（知ってるつもり⁉）』日本テレビ、1992年
新人物往来社（編）『ヨーロッパの王妃・プリンセス200人』新人物往来社、2013年
宮本又次『豪商列伝』講談社、2003年
紀田順一郎『カネが邪魔でしょうがない　明治大正・成金列伝』新潮社、2005年
大森庸雄『ロック豪快伝説』文藝春秋、2004年
山口智司『教科書には載せられない暴君の素顔』彩図社、2007年
柴崎伴之『大失敗にも大不況にも負けなかった社長たちの物語』彩図社、2011年

木原武一『大人のための偉人伝』新潮社、1989年
菅下清廣（監修）『図解 世界の大富豪100人』スコラマガジン、2012年
城島明彦『世界の名家と大富豪―華麗なる一族の絢爛たる世界』徳間書店、2013年
『日本「アウトロー」列伝―昭和・平成』宝島社、2006年
『新しい「代表的日本人」』宝島社、2014年
小谷野敦『日本の有名一族―近代エスタブリッシュメントの系図集』幻冬舎、2007年
島崎晋『世界の有名一族』PHP研究所、2009年
吉本晴彦『億万長者77人の秘伝―金が金を生んで大儲け！』ロングセラーズ、1985年
週刊朝日（編）『値段の明治大正昭和風俗史〈上〉』朝日新聞社、1987年
大蔵省造幣寮（編）『造幣寮首長年報』大蔵省、1872年

【映像・音声資料】

「フォードランディア」失われたジャングル都市の盛衰（Democracy Now!　2009年7月2日放映）
世界遺産漫遊記　シェーンブルン宮殿と庭園（ラジオ関西「谷五郎の心にきくラジオ」2010年2月16日放送）
世界の若き億万長者！TOP30！（TBS「がっちりマンデー!!」2011年1月23日放送）

【参考サイト】

- The Wealthiest Americans Ever（The New York Times）
- 「富豪が所有する島」のギャラリー（WIRED）
- 経済思想の歴史
- Find A Grave
- 浪速の豪商　鴻池家の歴史（大阪美術倶楽部）
- 南部アフリカ・スワジランドで、処女7万人が国王に捧げるダンス（AFPBB News）
- 横山大観《夜桜》について（三重県立美術館）
- 対イラク戦争後の国際石油情勢に関する調査　第4章　イラクの石油・天然ガスに関わる主要国、国際石油会社の動向（日本エネルギー経済研究所）
- 伝説の黄金都市トンブクトゥ、破壊の危機にある世界遺産（AFPBB News）
- mb! by Mercedes-Benz
- モロッコでのゴルフ発展は、故ハッサン2世の〝先見の明〟にあり（ゴルフダイジェストオンライン）
- アルワリード王子がフォーブスに「9000億円安い」で怒りの提訴（YUCASEE MEDIA）
- 米国土地長者ランキング、ターナー氏2位転落（YUCASEE MEDIA）
- 世界で一番環境に優しい億万長者は誰か？（ZUU online）
- Bill and Melinda Gates（About.com）
- オラクルのエリソンCEO、ハワイの小島に「理想郷」建設へ（THE WALL STREET JOURNAL）
- Dean Kamen's 'LED Nation'（Bits）
- アメリカン現代アートが充実「ホイットニー美術館」（AB-ROAD）
- 世界大富豪列伝「蕩尽の快楽」第1回　松下幸之助（福田和也、現代ビジネス）
- 資産4000億円の85歳アルバ公爵夫人が25歳下の恋人と挙式（YUCASEE MEDIA）
- ロンドンの一等地を握る4つの名家（英国ニュースダイジェスト）

あとがき

これまで「偉人」や「天才」と呼ばれる人物たちについての著作活動を主に行ってきた。

年に1回あるかないかではあるが、大学で若い人たちに講義する機会が与えられたときも、テーマは偉人や、彼らが放つ名言について話すことにしている。

前回は「偉人の就職活動」について講義を行った。天才物理学者のアインシュタインや昆虫博士のファーブル、そして京セラの創業者、稲盛和夫さんなどを例に挙げさせていただき、彼らの就職活動がいかに悲惨な結果に終わったのかということ、また、それが実は結果的によかったのだということを話したところ、講義後のアンケートでは大いに勇気づけられたという感想をいただくことができた。

「歴史に名を残す偉人たちが、実は落ちこぼれだった」

このテーマは、いわば自分の専門分野ととらえており、それだけに今回、富豪について執筆機会を与えられたときは、戸惑いがあったことを白状しておかなければならない。

なにしろ、富豪のなかには、生まれながらに恵まれた境遇で育った人物も少なくはない。もちろん、貧しい境遇から、立身出世して富豪の地位に上り詰めた者もいるが、それも生涯にわたって認められなかったファン・ゴッホや宮沢賢治などに比べれば、十分に恵まれた人生だといえるだろう。執筆するときは、いつも閉塞的な現状に苦しむ読者にメッセージを届けたいと考えているが、「富豪」というテーマでそれをどう成し遂げるかという課題もあった。

そして、実際に調査するにあたって困ったのが、「偉人」や「天才」と呼ばれるような人々に比べると、大富豪は参考となる資料がかなり少ないということだ。とりわけ「金儲け＝悪」という認識すらある日本においては、富豪の存在は、嫉妬や嘲笑の対象には成り得ても、尊敬されることはあまりない。我が子に見倣うべき人物として、富豪の名を挙げる親も皆無であろう。結果的に、富豪の人生に寄り添った著作物自体が生まれにくくなっている。

かくいう私もまた物を書く人間の一人として、これまで「富豪」の存在を半ば無視してきた。この「真山知幸」以外の筆名も合わせれば、本書は25冊目の著作となり、これまでさまざま分野で功績を残した人物たちの人生とその金言に触れてきたつもりだ。

そのなかには、モーツアルト、ファン・ゴッホ、ミケランジェロといった芸術家もいれば、アインシュタイン、ダーウィン、野口英世、ニュートンのような学者たちや、ナポレオン、チャーチル、坂本龍馬のような軍人や志士、政治家のような人たちもいた。教科書でもおなじみの人物を俎上に載せては、その波乱万丈な生き様や知られざるエピソードや名言を取り上げてきた。

にもかかわらず、「富豪」という切り口では、ただの一冊も書かなかったし、書こうともしなかった。なかには、松下幸之助やココ・シャネルといった「経営者」という切り口で、結果的に富豪と呼ばれるにふさわしい富を築いた人物を描くことはあったが、あくまでも立身出世の過程に着目したものであり、成功した後の金の使いっぷりにクローズアップしたことは一度もない。富豪の金の使い道といっても、大きな家を建てたり、愛人を囲ったりするくらいで、そこから何か新たな発見はないだろうと知らず知らずのうちに高をくくっていたのかもしれない。

しかし、本書の執筆を進めるにあたって、富豪の人生が書くに値しない、というのは、完全に誤解であり、間違いであるということがわかった。古今東西の富豪を調べていくにつれて、彼らの魅力に引き込まれていくまでに、そう時間はかからなかった。いや、もしかしたら、これほどエキサイティングで興味をそそる人種もいないかもしれない。そんなふうにまで考えを改めることになったのである。

富豪が持つ魅力とは何か。それは、現実世界をかなり具体的にかつ大きく変える力があるという点につきるだろう。しかも、場合によって10代、20代で、世界に影響力を持つこともある。

その絶大な力を何に使うのか。

本書をパラパラとめくっていただいただけでも、人間の欲望の多様さに驚かされることとだろう。何も物欲や肉欲だけではない。「人から認められたい」という承認欲求も、人間の生活には重要なファクターであることが、ありあまる金を持つ彼らの振る舞いだからこそ、よく伝わってくる。富豪たちそれぞれの「欲望の最終駅」のようなものに触れることで、人間が幸せになることの難しさをつくづくと感じた。

当たり前のことだが、大富豪と呼ばれる人たちもまた、人生の苦しみを抱えている。そして、富の使い方にその人のコンプレックスが透けて見えることもある。

ありあまる資金を持つ富豪たちのなかには、美術品に傾倒して知識人・教養人としての面をアピールする者、はたまた人から尊敬されることを求めて賞を設立する者、貧しい境遇の人々への罪悪感を埋めるかのように寄付活動を展開する者、権力を求めて政治家を志す者、名誉を得ようと勲章を金で手に入れようとする者もいる。

裕福な家庭に生まれて、何不自由ない環境で育った富豪は人生に退屈しているように思えるし、また、貧しい境遇から成り上がっていった富豪は、むしろ駆け上っている最中の人生のほうが輝いていたことに後で気付いたりする。

執筆にあたって富豪たちの破天荒ぶりを調査していくうちに、「人はたくさんお金を持つだけでは満たされないものだ」という思いを抱くことにもなったのは、貴重な体験であった。

桁外れの富を持つ富豪たちが、どのように物事をとらえて、何を人生の目標として、どんな欲望を満たしていき、何を手に入れて、何を手に入れられなかったのか——。

富豪の生き様を知ることは、人間という矛盾に満ちた存在そのものと向き合うことなのかもしれない。

真山知幸

著者

真山知幸

（まやま・ともゆき）

著述家。著書に『君の歳にあの偉人は何を語ったか』（星海社新書）、『不安な心をしずめる名言』『天才100の名言』（PHP研究所）、監修に『恋する文豪　日本文学編』『恋する文豪　海外文学編』（東京書籍）など。大学講義、テレビ番組監修など執筆以外のフィールドでも活躍中。

メール：mayama.tomoyuki@gmail.com

大《だい》富《ふ》豪《ごう》破《は》天《てん》荒《こう》伝《でん》説《せつ》
Best《べすと》 100《ひゃく》

2014年9月10日　第1刷　発行

著者

真《ま》山《やま》知《とも》幸《ゆき》

発行者

川畑慈範

発行所

東京書籍株式会社

〒114-8524　東京都北区堀船2-17-1

電話：03-5390-7500（編集）

03-5390-7531（営業）

印刷・製本

株式会社リーブルテック

デザイン　後藤デザイン室

編集協力　田中瑠子

Printed in Japan

ISBN978-4-487-80889-2 C0023

出版情報

http://www.tokyo-shoseki.co.jp